ア経営専門代表略語集

		r または Bazar
		tore
Cb. S.	=	Combination Store
C. E. S. S.	=	Consumer Electronics S. S.
Cob. S.	=	Combo Store
Cof. S.	=	Coffee Shop
C. S.	=	Chain Store
C. S. C.	=	Community Shopping Center
Cv. C.	=	Convenience Center
Cv. S.	=	Convenience Store
D. C.	=	Distribution Center
D. D. S.	=	Deep Discounting Store
Dept.	=	Department Store
Dg. S.	=	Drug Store
D. H.	=	Discount House
D. S.	=	Discount Store
E. C. R.	=	Efficent Consumer Response
E. D. I.	=	Electronic Data Interchange
E. D. P.	=	Electronic Data Processing
F. C.	=	Franchise Chain
F. Ca. Re.	=	Fast-Casual Restaurant
F. F. S.	=	Fast Food Service
F. L. S.	=	Fashion Leader Shop
F. R.	=	Food Retailing
F. R. M.	=	Floor Ready Merchandise
F. S.	=	Food Service
G. M. S.	=	General Merchandise Store
H. C.	=	Home Center
H. D. S.	=	Home Decorating Store
H. Fa. S.	=	Home Fashion Store
H. Fu. S.	=	Home Furnishing Store
H. I.	=	Home Improvement Store
H. M.	=	Hyper Market

（次ページへつづく）

略語集（つづき）

H. M. R. = Home Meal Replacement
L. C. = Local Chain
Mdser. = Merchandiser
Mgr. = Manager
M. W. C. = Membership Wholesale Club
N. B. = National Brand
N. C. = National Chain
N. S. C. = Neighborhood Shopping Center
O. P. S. = Off-Price branded Store
P. B. = Private Brand
P. C. = Process Center
P. D. = Physical Distribution
PERT = Program Evaluation & Review Technique
Q. R. = Quick Response
R. C. = Regional Chain
R. S. C. = Regional Shopping Center
S. B. = Store Brand
S. C. M. = Supply Chain Management
S. Dg. S. = Super Drug Store
S. M. = Supermarket
S. P. A. = Specialty retailer of Private label Apparel
S. P. S. = Single Price Store
S. R. P. = Shelf Ready Packaging
S. R. S. C. = Super Regional Shopping Center
S. S. = Specialty Store
S. S. M. = Super Supermarket
S. W. S. = Super Warehouse Store
T. C. = Transfer Center
V. C. = Voluntary Chain
V. S. = Variety Store

21世紀のチェーンストア

チェーンストア経営の目的と現状

渥美 俊一 著

実務教育出版

(1) この書物の目的

人の一生は、その人ひとりだけのかけがえのないものである。間違えた生き方をしては、とりかえしがつかない一度きりの人生だからである。

そこで最も大事なのは、二十歳代から六十歳代までの約四〇年間の過ごし方である。言い換えれば、青・壮年期の過ごし方であり、それは通常は職業の選び方でその人物の生きる価値が左右されてしまうためである。

では、どのような職業や職場なら、すばらしい、生きる値うちのあるものになるのだろうか。

その根本的な人間としての生きざまの選択について、サジェッションを提起するのが本書である。

満足できる生きざまとは何だろう。避けられない死に直面した時、自分は「やるべきことをやりとげて来た」と断言したいものだ。その尺度は、自分ひとりの欲望や快楽の充足があったかどうかではない。

そのさいの満足とは、自分自身の営みが人々がより幸福(しあわせ)になることについて、少しでも貢献できたと自覚できることだろう。

では何が人々、すなわち国民の幸福につながるのか。それはわが国で最も立ち後れた、しかし社会的により大きな影響力のある分野で貢献ができることが望ましい。その時はじめて悔いのない生き方となるはずである。

その王道とは、日本の社会の中で江戸時代以降数百年間にわたってその活動価値が軽視され続けて来た商業という世界で、革新を起こすことだと私は考える。

その商業の世界はわが国では常に政・官・学界よりもはるかに下層で、産業界中でも最下層とみられて来たものだ。

しかし本当は商業こそ、全国民の日常生活のレベルと内容とを直接左右する経済システムである。日本の社会は今日、行政も、社会福祉も製造業も、国際水準でA級に達しているとされている。しかし、この商業というビジネス活動の内容が、日本では欧米に比べてきわめて低い水準に留まったままなのが問題なのである。

このまったく立ち後れた商業の世界を抜本的に革新しようと意図するのが、チェーンストア経営システムによる「流通革命」である。それこそは、この日本で現在最もやりがいのある仕事なのだ。

しかもこの流通革命は、わが国でも急速に拡がりつつある格差社会の中で、格差解消に役立つ唯一の手段である。なぜならこれのみが、実際に日常のくらしを変えることができる社会改革策だからである。その担い手であるチェーンストア経営は、現時点で最もヒューマンな職場環境づくりを意図する経営形態でもあるのだ。

本書は、あなたに、この日本で新しく生きがいとやりがいとを実現させる場を、明示する契機になるだろう。

(2) 内容の特色

これは、すでに五〇%を超える小売業売上高占拠率をもつにいたったわが国チェーンストア志向企業群が、この二十一世紀初頭において、何をしようとしているかについての「現状報告」である。

言い換えれば、現時点における私の〝チェーンストア産業論〟であり、チェーンストア産業独特のロマンとしての経営理念と、過去五〇年間にわたる行動の軌跡とを詳細に扱っているチェーン化準備の書である。

これに続いて「今後のあるべき行動指針」を、『チェーンストア経営の原則と展望』など他の多数の書物で説明している。二冊目以降の書物は、欧米における一五〇年を超えるチェーンストア経営システムと、日本におけるアプローチの実験という二方面から導き出された経験法則だけを、行動原則として述べたチェーンストアのマーチャンダイジングとマネジメント原論でもある。

これらの著書を通しての特色は、次の五つである。

1　わが国初めてのチェーンストア産業によるビジョンと〝商業復権〟運動の筋書きであること。

日本人の大部分の日常の「くらし」は、決して巷間いわれるような成熟・飽食時代なのではなくて、国際的に比較すれば実態は、きわめて貧しい状態にある。それは商業機能が本来のくらしを守り育てるという任務を長い間放棄し、さらに「豊かさ」の意味が単に品種や品目の数のことだとうけとめられて来たからだ。

その克服のためには十分な法人資産と技術者陣とを確保し、二十一世紀初頭にふさわしい本当に豊かな生活提案のできる新しいインダストリーを築造しなければならない。それによって、エネルギー活用を内容とする第一次産業革命による素材工業、すなわち材料製造業優先の経済システムを修復し、「作る・売る」立場から「使う・買う」立場に切り替えられた生活財提供システムを構築するのが、チェーンストア産業のめざすところであるという論旨である。

したがってわが国に横行する〝流通産業論（製造業＝川上、流通業＝川下論）〟や製・配・販一元化サプライ・チェーン・マネジメント論や、単に売上高の大きい〝量販店（大売業）論〟とは、まったく異なるビジョンと現状分析とになっている。

2 著者は、実際にチェーン化企業の新興ビッグストアを七〇〇社以上も、直接の経営指導によって、育成し、発展させてきた現在活動中の経営コンサルタントであること。

日本のビッグストア、その多くは株式上場を果たしたが、彼らの大部分はまだ一～三店という小企業段階から、筆者が手をとり足をとって先導してきた企業である。

わが国商業経営のコンサルティング、チェーンストア産業づくりのプロモーターとして四五年をこえる実績と、欧米におけるチェーンストア経営システム研究五〇年の研鑽とを凝縮させた論旨であり、しかも行間には、状況の結果についての説明だけではなくて、状況を作り出そうという革命への強烈な意志をこめたつもりだ。

これは彼らとともに悩みともに苦しみながら、あるべき形を模索し、実験し、事例を拡大し、最後に体系化してきた現在までの結論である。外部の第三者的立場の方々の評論的（ときにはレポーター的）叙述とは内容がまったく違うはずである。

3　チェーンストア産業としての経験法則に基づくテーゼ集であること。

内容のほとんどは、一世紀以上にわたってあまたの事例から、すでに成否が確認された実務上の行動原理と行動原則とである。その中で近代以降の商業の世界における人類文明史としての教訓を簡潔に展開している。門外不出の実際の経営計数もふんだんに紹介している。

言い換えれば、これ（二〇一〇年）まで執筆した著書計九〇冊はそれぞれ連動した内容である。だから、現在わが国で最も明快に、広範囲にチェーンストアの思想と軌道とをまとめた書物のはずである。

日本のチェーンストア志向企業群は、いまや秩序破壊者としての役割を終え、新しい産業システムを創造する段階に突入しつつある。二〇一〇年代中にわれわれは、日常のくらしに関する購買力の過半を提供することによって、日本国民のくらしを欧米水準なみの豊潤なくらしへと実現提供できるだろう。しかし、われわれがこのチェーンストア経営システムによってめざすのはあくまで商業における覇道ではなくて、ビジネスとしての王道である。

4　迫りくる近未来の商業内の過激な〝競争〟時代に、チェーンストア志向企業がいかに経営転換をしていくべきかの経営戦略を提案していること。

二十一世紀は、日本でもいよいよチェーン化準備時代から本格的チェーンストア経営システムづくりの時代へと、移行してしまう時期である。それは産業界のすべてに変革を促すことになるだろう。本書は日本社会のくらしを育て守る〝経済民主主義〟の担い手たちの行動軌道を明確に説明している。もちろん、そこには第二次産業革命としての情報システム時代への適応方法も含まれている。

これによって、直接チェーン化計画に携わる人々はもちろんのこと、その周辺産業とアカデミズムの方々、さらに考えてみれば今後あらゆる社会の分野がこの新インダストリーとなんらかの影響を互いに持ちあうことになるだけに、われわれのチェーンストア産業化への努力について、すべての人々に基本的な正しい理解をしていただけるのではないかと期待している。

5　叙述が、他の私どもの著作と、体系的に統一されていること。

もしももっと具体的な展開のノウハウを体系的にという向きには、私ども日本リテイリングセンター所属コンサルタントないし協力者による一連の著作が別に発売されている。これらは、技術分野のすべてにわたって、ひとつの企業がトータル・システムとして行動できるように、全課題を関連させ同時に矛盾のないように統一している。そのまま実行できるようになっているので、あわせて関連技術書のシリーズを、ご覧いただきたい。この体系化こそ、私どもの使命として、最も積み重ねて努力し続けてきた姿勢なのである。

(3) 本書を読まれたあとに

この業界にはじめて入ってきた方は、拙著『チェーンストア経営の原則と展望』と『チェーンストア　能力開発の原則』とをあわせてお読みいただきたい。中堅としてチェーンストアづくりに挺身したい人々は、私と桜井多恵子とが分担執筆している「チェーンストアの実務原則シリーズ」とを、順次お読みいただければ、チェーンストア経営システムを分業できるスペシャリストとしての理論武装になるはずである。

さらに、具体的に行動原則を求められる方は、本書資料編、付表2「日本リテイリングセンター講師による単行本一覧」から関連図書を選択していただきたい。流通業ないしチェーンストア経営に関する政策的または実務技術的な全課題についての理論構成は、ひととおり用意できているつもりである。

なお本書は、長年私のアシスタントをしてきたオフィス・マネジャー宮本田鶴子、マーチャンダイジング・コンサルタント桜井多恵子、チーフ・リサーチャー梅村美由起の三人の献身的な協力でできあがった。

著　者

二〇一二年一月、内容の一部を修正加筆した。

日本リテイリングセンター

21世紀のチェーンストア　目次

第I編 文明史におけるチェーンストア

第Ⅱ編　チェーンストア経営がめざすもの

第Ⅲ編 チェーンストア産業への道

2　チェーンストアへの出発

※このあと、ぜひとも続いて読んでいただきたいのが『チェーンストア経営の原則と展望［全訂版］』である。目次は次のとおり。

※第六版の刊行にあたり、日本リテイリングセンターが必要最小限の修正を施した。

21世紀のチェーンストア

＊本書は『チェーンストア経営の目的と現状』を
底本として全面的に書き直したものである。

第Ⅰ編

文明史におけるチェーンストア

1 用語の意味

鎖の意味は〝特別な仕組み〟

1 「チェーンストア」とは

チェーンストア（Chain Store）という言葉は、外来語の中で比較的早く日本語化した単語であるが、外来語の多くが日本では意味があいまいなまま日常使われているのと同様に、わかったようでわかっていない専門用語の一つである。

英語の辞書には、昔から〝連鎖店〟と翻訳されており、最近はカタカナで発音どおりに「チェーンストア」と掲載されているのだから、理解できないのも当然である。

わが国アカデミズムでは、さきの〝連鎖店〟という直訳を前提に、鎖で縛られている店または人々のこととの印象を持つ人も少なくなく、人間としての自由がない低次元の管理社会のモデルという、ひどい偏見を主張する人もいるほどである。

鎖は本来、人類が開発した運搬の道具であり、どんな形のモノでもひとくくりにして移動させられるという、すばらしい文明の利器であった。なぜ日本人は、それを人間を束縛するものとの偏ったイメージをもってしまったのだろうか。

一つひとつの鉄の輪はちっぽけでまったくの非力に見えるが、それが一定の法則で連結し多数が繋ぎ合わさると、一人の人間ではとうてい動かしがたい大物や多量のモノを、ちゃんと思うところへ動かせるという、ものすごいことをやってのける特別な仕組みなのである。一店ではできるはずのないこと、つまり素晴らしい豊かな〝くらし〟というご利益《りやく》を、特別に工夫された経営上のシステムによって、国民の大部分に提供する社会的インフラというのが、私どものいうチェーンストアという言葉の本来の意味である。

二つの意味

したがって、この言葉には次の二つの趣旨がこめられていることになる。

第一には、特別な仕組みという以上、一定の法則で店舗や商品が用意され運営されていることだ。この基準どおりという点で、チェーンストアのことをレギュラー（Regular）・チェーンともいう。レギュレート（Regulate）することを、この世界では標準化（Standardization）と呼ぶ。

標準化とは、①最良の方式を発見し、②関係者に教育し、③そのとおりに実行できる状態をつくりあげること（ここまでを規格化と呼ぶ）。そして、④あらかじめ想定した期間が過ぎたら、その規格を改善・修正し、⑤さきの①からの手順を繰り返すことで、例外の発生をなくしていく、という過程をまとめて表現する言葉である。

日本ではこの規格を改善していくという大事な手順をサボることが多いために、標準化イコール規格化ととり違えてしまいやすい。

第二には、普通のお店やさらにその集団でもとうていやれそうにない、まったく異質なすごいことをやってのける経営形態だという点である。

すごいことといえば、とたんに百貨店を追い抜くようなビッグストアづくりという意味に受け取られよう。事実そのとおりではあったが、それだけではあまり意義はない。なぜなら売上高が増加し規模が巨大化しても、そこで働く従業者にとっての励みになる程度で、国民生活への影響力はしれたものだからである。

本書ではしばしば「チェーンストア産業」と表現しているが、もともとチェーンストア経営が〝産業（Industry）〟と呼ばれるに値するためには、国民生活に画期的な変化が起こるような貢献がなければなるまい。

日本のチェーンストア志向企業群は、日本国民のくらしを、チェーンストアという経営システムの力によって、根本的に革命的に向上させようと意図している。

現在ではその実力と実績とはまだ不十分ではあるが、二〇一〇年代にはチェーンストア産業によって国民大衆のくらしが画期的に変革される状態を築造しようと、懸命な努力をしている最中なのである。状況にまかせるのではなくて、状況を創出するのだ。二〇一〇年代こそ、われわれはチェーンストア志向企業群が産業化し、その経営的効果を本当に日本国民の生活に影響させられる時期と想定している。

さきの標準化は技術テーマであり、あとの貢献問題は理念テーマでもある。

この二種類の言葉に特別な意味をこめて、チェーンストアという単語を、チェーンストア志向企業は使っているのである。

チェーンストアの定義

ここで、言葉の定義そのものについて説明しておくことにしよう。

チェーンストアという英語が生まれたのは十九世紀末であるが、それが明確に定義されたのは第二次大戦後のことだ。

アメリカをはじめ欧州を含めて文明先進国では、チェーンストアとは一一店以上を直営する小売業あるいはフード・サービス業とされている。

ただし、アメリカの政府や業界統計で四店以上をマルチ（Multi=Many）・ストアとしているのを、日本ではチェーンと誤訳していた時期があり、さらに日本政府も一〇店以上という統計上の分類をつくっていたために、それらを混同する場合が多い。逆に一〇店までの直営を支店経営といって、一店だけの単独店経営と区別することもしばしばある。

なぜ一一店以上をチェーンストアと呼ぶかについては、だいたいこのあたりでマネジメント（ここではとりあえず、管理と翻訳しておく）の方式が根本的に変わってしまうからである。すなわち、変えないとやっていけないという実務上の必要性からきているようだ。その点では、一〇店以上でも一五店以上でもあまり差はないことになる。

こうした説明は、実は統計をとるうえで分類をするためのものであり、さきに述べたような国民生活へのご利益《りやく》（効用）を問題にするのならば、一〇店前後では効果はほとんど出てこない。

欧米における歴史的経験からみれば、そうした画期的な経営的効用が生まれてくるのは、標準化された店舗（正しくは商品提供）が二〇〇店以上出そろってからのことである。

つまり、二〇〇店以上を直営するようになって、初めてチェーンストア独特のお値打ちを、国民のくらしに提供することができるのである。そして、それがものすごい効果を発揮してくるのは、やはり五〇〇店を超えてからなのだ。

そこまで店数が出そろってこないうちは、さきの統計分類上でチェーンストアといえても、実際の経済的効果のうえではチェーンストアではないことになる。

まだ、ビッグストア時代

二〇一三年九月末日現在最近決算時調べで、日本にはビッグストア（年商五〇億円以上）の小売業が九一二社（114ページ表Ⅱ・1-1〈㈱日本リテイリングセンター「ビッグストア基本統計」二〇一四年版〉参照）あるが、そのうち直営一一店以上で〝統計上〟のチェーンとみなされるものは七〇六社（八万七、七三六店）で、その一社当り平均店数はわずか一二四店である。しかし三桁の店数をもつチェーン志向企業でも店の形は多種類であり、厳密に標準化されたもので二〇〇店を超える小売業は二〇社もないのが実情である。

しかも、それらが数百社そろって初めて〝産業〟としての経済勢力となり影響力ももつ。だから、今日までのわが国はまだチェーンストア時代に入る前段階の状態、言い換えればチェーンストア準備時代としか言いようがないのだ。

たしかに売上高規模が何百億円、何千億円という量販店（150ページ参照）が新興勢力として出現し、〝ビッグストア時代〟と呼ばれてきたとしても、それとチェーンストア時代とは異質のものなのである。したがって個々のビッグストア企業の栄枯盛衰とチェーンストア業界の進展とを混同してはならない。二十一世紀初頭で、すでにチェーン勢力は飽和時代とか共食い状態といった観察は、まったく事実をとり違えているのだ。現時点では断じてチェーンストア産業としての活動は大きな力を発揮していない状態なのである。だからこそ、私は彼ら候補企業を呼ぶのに〝志向〟企業という表現をし続けているのである。

逆にいえば、これからでもチェーンストア候補企業は、どんどん名乗りをあげていけると思わねばならない。

もっとも、後述するように、二〇二〇年以降はチャンスは少なくなるはずで、これからの一〇年間が、千載一遇の時期といえるだろう。

2 チェーンストアの種類

ところで、チェーンストアという言葉によく似た専門用語がいくつかある。

一つは、ボランタリー・チェーン（Voluntary Chain）である。

ボランタリーとは、自由意志の、自発的な、という意味で、それを名詞化したボランティア（Volunteer ＝有志、志願者、義勇軍）という言葉は一般に使われている。

ボランタリー・チェーンというのは、一つの本部と多数の加盟店とで構成された経済事業体である。それぞれはまったく独立した法人格をもっていて、営業活動の一部（とくに看板や仕入れや一部の販促や管理方式など）を協同でやるものである。

本来のチェーンストアは、本部と直営店とにわかれており、それらはすべて一つの会社（同一資本法人）である点が、このボランタリー・チェーンと違っている。したがって、少なくとも財務と人事は完全に一体化されているため、チェーンストアのことをコーポレート・チェーン（Corporate Chain）またはレギュラー・チェーン（Regular Chain）とも呼ぶのである。

チェーンストアが大規模化の形をとり、購買力を寡占化（Oligopoly）していく時代に、非力の零細小売業やフード・サービス業が自己防衛のために団結して経済行為をするというのが、このボランタリー・チェーンが結成された理由であり、欧米における歴史的な発生過程であった。（ここでいう寡占化とは、少数の企業が購買力の大半を吸収する状況をいい、それはその他の大多数の企業が一挙に経営効率を悪化させていく状態でもある。消費者利益優先の立場からみれば、競争による当然の成行きであり、こうした競争が激しいほど大衆の消費生活はよくなるわけである。）

このため競争段階の初期においては、リテイラー・オウンド・コーペラティブ・チェーン（Retailer owned Co-operative Chain）という協同行為も生まれてくる。これは小売業やフード・サービス業が協同で本部を構成し、加盟店の中の有志が資金と人手とを拠出し、全加盟者が運営費を負担するというものだ。法人格は、株式会社の場合と事業協同組合の場合とがある。しかし、中心となる一部の中小型店の責任と負担が重く、幹部の多数決主義が弱点となりやすい。

これでは弱体なので競争が激しくなってくると、ホールセラー・スポンサード・ボランタリー・チェーン（Wholesaler sponsored Voluntary Chain）の形をとることが欧米では普通である。これは有力な問屋が数社集まって協同で本部を新会社としてつくり、一般加盟店を募集する形である。運営費用は、本部から供給した加盟店の商品仕入額に応じた手数料でまかなわれる。

日本のリテイラー・オウンド・コーペラティブ・チェーンは、一九五〇年代に続出したものの、一九八〇年代までに、結束の固い、強力な団体はごく少数のみとなっている。

他方、ホールセラー・スポンサード・ボランタリー・チェーンのほうは、一九八〇年代が最盛期だった。というのは、本部が従来からの問屋一社だけで構成され（このため、その問屋の一事業部門の形であり、それゆえにまた）、加盟店も問屋としての顧客企業の中の有力社だけを組織化していたからである。

一九九〇年代後半から、日本の小売とフード・サービス業界にも、初めて欧米並みの、あるいは日本の製造業界におけるのと同様な競争が発生し、激化している。欧米の経験法則どおりなら、本格的なホールセラー・スポンサード・ボランタリー・チェーンが新たに発達することになる。

日本では①ＮＢの廉価集荷と、②製品開発とがテーマだが、効果は上っていない。しかし、それ以前に資材、機器と消耗品との共同購入と物流システムの一本化が先決である。それに続いて加盟各社の棚割りの一本化、作業システムの統一が必要なのである。

フランチャイズ・チェーン

もう一つ忘れてならないのが、フランチャイズ・チェーン（Franchise Chain）である。ここでいうフランチャイズとは、契約をしたという意味である。本部（フランチャイザー：Franchiser）と加盟店（フランチャイジー：Franchisee）とが特別な契約を結ぶことによって運営される、というわけである。その内容は本部側が経営の方式（商品、売価、販売法、運営、管理、広告など）を広い範囲で決定し、加盟店は、その決定と指導どおりに実行することであらかじめ想定された利益が得られるという仕組みである。

本部と各加盟店との間はボランタリー・チェーンと同じく、それぞれ独立した法人だが、加盟店は企業の場合もある。本部側は、使用料・指導料の名目で、加盟店の売上高の一部を徴収する。

いってみれば、経営のノウハウを本部が加盟店に売りつづけていく形で、加盟店は本部の統制に忠実に服することが契約の急所だ。万一、違反事項が重なると契約解除、除名となる。

この経営方式は、事業のノウハウは知らないが多少の資産はある人々に事業を展開させられるという社会的貢献はあるものの、経営のやり方を細かく規定し違約には制裁がある点で、厳密には独占禁止法違反行為を本部側がやる危険性がある。そこで公正取引委員会では、健全なフランチャイズ・チェーンなら容認するという立場を、欧米同様にとっている。

日本でも一九六〇年代にフランチャイズ・チェーンが生まれ、一九七〇年代にさまざまな業種で広範囲な展開が行なわれている。経営体質としては、ボランタリー・

チェーンよりも競争に強く、またチェーンストアではないのにその長所を発揮しやすいシステムであるからだ。

しかし、フランチャイジーそのものにみずから築きあげた管理技術があるわけではないので、小規模店向きであり、とくにわが国の場合は契約遵守の観念が稀薄なので契約違反が時折り起こって、脱退者も少数ながら絶えない。さらに、加盟店は別法人だからチェーンストア以上の権威を本部側がもたねばならぬのに、フランチャイジーの資産を活用できるという安易な通念から、無手勝流の単なる開店代行屋や、巧妙に納入業者からピンハネするまやかしものが続出する危険も指摘されている。

なお、扱い商品の一部を大手チェーンストア志向企業から供給される場合も、日本では今のところフランチャイズ・チェーンと名乗っているが、これは大手ビッグストアの系列化の一手段であって、正規のフランチャイズ・チェーンではない。

チェーンストアの変わり型

それでは、生活協同組合はどういうことになるのだろうか。

欧米でもコープ（Coop）という名称でチェーンストア・システムとしているところが多い。

生協活動はつねに生協運動と呼ばれるが、チェーンストア経営のめざすところと多店化経営の方式との二点で一致している部分が多い。ふつうのチェーンストアが株式会社であるのに対して、生協の資本は一般消費者（この場合、組合員という）で、しかもイコール生協の顧客である点が違っている。根拠法も生協法であり、イデオロギーが異なるとの意見もあるが、わが国では少なくとも技術面では株式会社と同じ勉強をしている。

これとは別に、欧米では店名を出さずに総合大型店の広い売場の中のごく一部分に、あたかもその総合大型店自身の直営売場のように出店しているチェーンがある。その一つ目は、ラック・ジョバー（Rack Jobber）である。ラックとは陳列棚のことで、アメリカではセルフサービス店、たとえばスーパーマーケットの非食品売場に多い。化粧品、トイレタリー、日用家庭用品、文具、玩具、オート部品、靴、スポーツ用品などだ。

もちろん、店名は表示せず、店員も派遣しない。商品構成、陳列方法、補充方法、売価について決定権を持ち、レジは小売店側にまかせる。広告、販売促進、在庫高、陳列整理作業は両者協議して決める。

本体売場の商品と配送時間帯、供給源、発注条件、陳列数量、品質チェック、陳列技術、在庫調整などがまったく違っている場合に行なわれる。

二つ目は、コンセッショナリー（Concessionary）である。コンセッショナリーとは、特許が与えられた、あるいは租借されたという意味で、ラック・ジョバーと同様に店名を表示しない売場出店チェーンであるが、それは非セルフ・サービスの売場で、店員を派遣するものである。欧米ではSS（Specialty Store：スペシャルティ・ストア）チェーンが、SC（Shopping Center）のテナント（店子《たなこ》）として出店（この時は店名を表示）するか、コンセッショナリーとなって成長する（なお、スペシャリティ〈Speciality〉・ストアは古い英語である）。

これらを総称してサービス・マーチャンダイザー（Service Merchandiser）と呼ばれる。

チェーンストアの規模別名称

次に、日本でも一般にマスコミにしばしば登場する名称に、ナショナル・チェーン、リージョナル・チェーン、ローカル・チェーンという、三種類の言葉がある。

まずローカル・チェーンから説明すると、一つの商勢圏内に集中的に一一店以上を出店しているチェーンストアのことだ。決して大都市を離れたとか、田舎のチェーン、地方都市にあるチェーンという意味ではない。（ここでいう商勢圏とは、わが社が店舗を集中的に出店したいとあらかじめ考えた地域のことで、通常はそこに人口が一二〇万人から二五〇万人いるというぐらいの単位である。したがって人口が一、三〇〇万人を超える東京都なら、五から一〇の商勢圏にわかれることになる。行政地域にとらわれず、物流、つまり道路事情の関係で単位が決まるのである。）

もしも当初想定した商勢圏に一〇〇店以上出店した場合でも、他の地域への集中出店がないときはローカル・チェーンとされている。

これに対してリージョナル・チェーンは、社内に二つ以上の複数のローカル・チェーンをもつ場合をさしている。言い換えれば、二つ以上の商勢圏にそれぞれ集中出店しているというわけである。ただし、これら商勢圏は隣接しているとは限らない。むしろ離れてつくられたほうが、マネジメント能力が向上するとされている。

さらにナショナル・チェーンというのは、社内に右のリージョナル・チェーンを二つ以上、複数でもつ場合である。したがって、全国津々浦々に店があるという意味ではない。また札幌と東京と大阪と福岡に一店ずつと、全国を縦断して数か所だけの支店経営をしているわけでもない。

だから、ナショナル・チェーンならどんなに少なくても四五店以上あるわけだし、また一〇〇店あるといっても、あちこちにバラバラと分散出店していて、一か所もローカル・チェーンと呼べるものがなければ、右の三種類のどれにも属さないわけだ。

それは、チェーンストア経営のあるべき形がいつもドミナント・エリア（Dominant Area：金城湯池地域）づくりを前提とし、その中での購買力寡占を狙い、圧倒的な占拠率をめざしているからである。(ここでいうエリアとは、標準化された店舗ばかりが一一店以上集中している地区のことで、ローカル・チェーンとしての出店地区を指す。一エリアにはふつう一五~五〇店。同一地域で五〇店を超えるともう一つのエリアにわけて、二エリアとなる。この場合も同じローカル・チェーンである。ドミナントというのは他社が容易に入りこめない、わが社が圧倒的に強い金城湯池、つまり寡占化状況の地域を意味している。)

なお、チェーンストア経営でいう寡占化とは、総合的な占拠率が大きいことを意味するのではなくて、商品ライン(価格帯)ごと、限られた商品分野ごとに六五%以上をとっている状態をいう。それは、第二位と第三位の合計よりも多いことなのである(商品ラインとは品種ごとの、ある価格帯に属する品目群のことである)。

しかし、むりやりにそうするというのではなくて、公正な競争の中でひとりでに、お客さまからご利益《りやく》の多い店として選ばれた結果としてそうなることをめざすのである。

こうしてみると、わが国のチェーンストアを自称する企業の多くが、まだローカル・チェーン段階で、リージョナル・チェーンともいえる段階の企業は少なく、ましてやナショナル・チェーンとはいいにくい状況であることがわかるであろう。

3 チェーンストアへの初歩的誤解

人間を束縛する仕組み

日本では、依然として「チェーンストア」に対して偏見や誤解を抱いている人が多い。最も多い初歩的誤解は、さきにも触れた「チェーン」という単語を連鎖と翻訳することから、「人間を鎖で束縛する仕組み」というふうにマイナスイメージを持つことだ。

しかし、チェーンとは本来、まったく同じ形の鉄の輪が単純に同じように繋がっているだけなのに、どんな不定形のモノでも、重くても、移動できる運搬道具である。それは標準化という、一定の法則で多数連結していることによって、一つの輪では決して果たしえないような、たいした力を発揮できるという人類の発明品なのだ。チェーンストアという言葉は、このStandardization（標準化）とNetwork（連繋）という特別な仕組みのことを意味しているのである。

だから、決して人間の行動の自由を管理するという意味ではなく、逆に特別に工夫された経営システムによって、大多数の国民にご利益《りやく》を提供する便利な人類文明としての大発明ととらえられるべき用語なのである。

歯車人間になるな

次によく学者から聞かされるのが、「歯車人間になるな」という忠言である。これはそもそも歯車というものを否定的に受けとめていて、一人ひとりの個性をつぶすものと考えるからである。しかし、欧米ではまったく逆である。

私がスイスのスーパーマーケット大学で感銘を受けたのは、大学での講義の最初に、生徒達に腕時計を分解させて、歯車と心棒の実物を見させ、この中の一つでも欠けたら、あらかじめ計画されたとおりに確実に連動せず、正確に時刻を刻むことはできない、と教えていたことだ。歯車や心棒は、人類文明の精華としての分業の仕組みを示しているのだ。一人ひとりが完璧に自分に割り当てられた職務を果たすことで、はじめてすばらしい大仕事を成し遂げられる。これこそチェーンストア組織の分業の仕組みと説明しているのである。

マニュアル人間

日本では、「マニュアル」という言葉も否定的に理解されがちである。結果が画一的になるからイヤだと、若者が敬遠したりする。しかし、チェーンストア経営では、「マニュアルどおりに作業すること」を完全作業として、むしろめざすことなのである。

たとえば、カメラという機器を使用するとき、誰でも取扱説明書をまず熟読するであろう。この取扱説明書こそマニュアルの事例である。製品の機能を十分に発揮させるためには、マニュアルどおりに操作をしなくてはならない。それによって、客は誰もが同じ結果・製品からの利益を得られるのだ。

チェーンストアでの勤務も同じである。企業の中で「労働」という商品の代金が報酬なのだ。だから、マニュアルが示すとおりに完全に行動することによってのみ、職務を果たしたといえる。チェーンストアは精密に分業することで大きな力を発揮すると考えているのだから、一人ひとりが完璧に職務を果たすためには、まず完全なマニュアル、つまりキマリは必要な道具なのである。

のれんわけ

チェーンストアで行なってはならない経営方式が「のれんわけ」である。これは、本店で長年修行したものがその技術を習得して、独立店を開業するということだ。本店と近似店がふえていくので、同じ店がどんどんふえているように見えるが、経営はまったく別である。〝孤立〟するだけで、マスの効果はあがりっこないのである。チェーンストア経営システムとは、本部とマス化された多数店舗とが独特の仕組み（詳しくは第Ⅲ編第2章の3項を参照のこと）で、追随を許さない威力を発揮する仕組みである。「のれんわけ」はありえないことなのだ。

かつてビッグストアづくりの段階では、店舗現場で最も畏怖され、さらに尊敬されて来たのは、店長、ついで店次長だった。それは店内で最も実務上の知識と経験が深く、作業も的確で、給与も高かったからだ。

しかし最近一〇年間に、日本ではこの店長の権威が失墜し始めている。それは店長が人手不足のため、ワーカーの作業を代行することが多かったり、超過勤務時間が異常なまでに過大になる一方、それに見合う報酬の増額がなく、実質的には賃金水準の低下傾向が拡がりつつあるためだ。

そこで店長への昇任を拒否するワーカーがしだいにふえている。

この事態をさらに悪化させているのが、一部の専門店とフード・サービス業のチェーンが推進している〝カリスマ店長制〟である。店売額の異常に大きい店は、店長のガンバリズムの結果だとして、破格の年収を与えてきわだたせるが、実際は部下への過酷労働と士気高揚と客への押しつけ販売を奨励するだけの労務管理策なのだ。

しかし本当の問題は、店長のあとの昇進先だ。欧米のチェーンでは次の二とおりがある。第一は三十歳代（大型店では四十歳代前半）で店長の職務を何カ所か完全に勤めた人物が、そのあとエリア・マネジャー、ゾーン・マネジャー、ディストリクト・マネジャーと昇進して、最後に○○地域店舗運営担当取締役に昇りつめる少数派のルートである。一方、第二のルートとして大多数は本部のスペシャリストとして昇進していく。

この時の店長像は、十分な現場作業経験者であり、それ故に四十歳以降に技術エキスパートとして経営システムを構築し、かつ改善ができることでチェーンストアの組織を分業する候補者たちなのだ。決して店長は昇進のゴールではない。だから店長イコール低賃金過重労働時間のにない手なのではない。

この点で、カリスマ店長制の場合は、次に自己育成し、昇進していく方途がない。三十歳代で退職するか、先の「のれんわけ」を受けて退職するだけなのである。チェーンストアとは、むしろ四十歳代後半以降のかけがえのない人生を大事にする経営なのである。

チェーンストアとして間違いやすい言葉、考え方とそれぞれの正確な定義と用法とについては、本書第Ⅱ編第２章（150～168ページ）でも詳しく説明している。あわせて参照していただきたい。

2

チェーンストア産業づくりの歴史

1 欧米での商業革新の底流

商品をめぐる最大の変革事件は、十八世紀から十九世紀にかけて、英国を中心に欧州で広がった産業革命（Industrial Revolution）である。その革命は二十世紀の半ばまでに一挙に地球上全域に広がった。言い換えれば、手作業による家内工業体制から機械による工業工場体制へのシステム転換の進化であり、大量生産された製品による大衆の日常生活の変革、すなわち社会構造の大変革であった。

世界の文明史にもたらした本質は、〝材料〟製造業段階での抜本的な技術革新だったことだ。この革命の側面は、人力から水力と石炭、ついで石油、電力へとまったく新しいすさまじい威力を発揮する動力がつぎつぎに採用されたエネルギー革命であった。それによってこれまで人類には不可能だった重厚長大な生産機械がはじめて稼動し始めたのである。石炭を新燃料として製鉄所が稼動を開始した直後に、水蒸気機関が発明され紡績機へと稼動が拡大された。

人間社会へのプラス効果は、安定した大量生産で①規格品が誕生して品質が均等化し、当然に②商品原価は大幅に低価格化したことだ。これは人々の生活にとって大変な恩恵となった。

しかし、この産業革命の中身は実は材料製造業での変革だったので、次のマイナス現象を引き起こすことになった。①重厚長大な生産機械のため膨大な投資となり、その償却額が膨れ上がった。そのため生産者は常に一定の莫大な生産量を維持する必要にせまられ、②実需を上回る生産量をカバーするために、ムリに製品を多様化するというムダとムリな品種と品目数の過剰状態を引き起こしてしまった。その結果、③大規模材料製造業は〝製品〟製造業と問屋卸売業を資本支配下（系列下）におき、製品を押し込んでゆくルートを確保し始めることになった。これによって、④小売業はいつのまにかメーカーの単なる下請け産業として生活用品の消費者への配給業者へと転落した。つまり商業は、ベンダーへの情報発信という社会的機能を放棄してしまったのである。

ロッチデール宣言

この状態を最初に打破したのが、英国の生協運動であった。

当時、産業革命により大規模生産体制に取り込まれて、労働者は低い労働条件に苦しめられており、労働者運動が活発になりつつあった。

一八一〇年代、英国のニューラナークで綿紡工場を経営していたロバート・オーエンは、工場労働者の過酷な生活状況を打破するため、工場従業員に生活必需品を公正な品質と価格で提供する「New Lanark Village Store」、つまり後の職域生協型の店を工場内に設けた。

続いて一八四四年には、マンチェスター市に近いロッチデール（ランカシャー）という町の織物工員二八名がロバート・オーエンをモデルに、世界初の生活協同組合組織となる「Rochdale Society of Equitable Pioneer（ロッチデール先駆者協同組合）」を市民による生産配給体制づくりのために、創立。「作る」立場からの生活用品生産のあり方を、「使う」立場から決定し、組合の「決まり」として、①民主的運営、②自由加入制、③出資金に応じた配当、④現金取引、⑤品質の公正、⑥教育促進、⑦政治・宗教からの中立、⑧組合員の平等、をかかげた。これがロッチデール宣言である。消費者主権による製品、生活用品の品質と価格の決定体制が発足したのだ。

製品生産者との直結

一八五二年フランスでは、ブシュコー（Aristide Boucicaut）が、パリのサバブの馬小舎に、総合店の世界第一号といわれるボン・マルシェ（Bon Marché）を開店した。

当時の商業体制は、製品種類別の加工職人組合であるギルドが中心で価格カルテル体制をつくりあげ、小売価格を高止まりさせたままだった。そこでブシュコーはギルドに属していないアウトサイダーの職人を集め、消費者大衆が直接製品生産者である加工職人と一対一で取引できるような市場を「ボン・マルシェ」という店名で開業したのである。衣料、履き物、家庭用品、雑貨などの生活必需品を低価格で売るので瞬く間に大繁盛店となった。この店はそれまでの店と違い、客の求める品質や機能を直接よく聞いて提供したのである。

アメリカ建国運動の発端

一方アメリカ大陸は、一六〇七年英国の貿易船スーザン・コンスタント号によるジェイムスタウン（バージニア州）上陸と、一六二〇年移民船メイフラワー号のプリマス（マサチューセッツ州）上陸とを契機として、十八世紀の半ばまでに英国やフランスなどの大植民地となっていた。このころの世界の植民地は本国を経済的に潤す存在だった。

英国では香港、インド、マレーシア、ビルマなどの貢献度が特に高かったが、米国の場合だけは植民地側が本国（英国）とアフリカとの三角貿易でトクをするだけで、英国本土側では大赤字が続いていた。そこで、ロンドンの議会はアメリカについてだけは、他にない特別税をたびたび課していたのである。一七六〇年代の砂糖税や紅茶税など、植民地ではひどい負担であった。

ところがさらに、東インド会社が米国へ供給する輸入生活必需品の価格を一方的に吊り上げ始めたことが契機となり、植民地人による抵抗運動が活発となってきた。一七七〇年、それに不満で暴徒と化した民間人を英国駐屯軍が射殺したボストン虐殺事件を発端として、市民による反英運動型烽起としてのボストン茶会事件が発生

表Ⅰ・2-1　初期の改革運動

①	1844年	生協運動（消費者のための品質と価格づくり）出発 英ロッチデールで「先駆者協同組合」が最初の店舗を開店（適正品質、公正な取引の原則）	
②	1852年	価格カルテルの破壊	「Bon Marché」総合店
③	1859年	紅茶のバーティカル・マーチャンダイジング	「A&P」食品チェーン
④	1867年	マルクス「資本論」の発表	
⑤	1876年	フード・サービス業の多店化、食材の産地買付け	「Fred Harvey」
⑥	1886年	時流が求める新機能のＰＢ化	「Sears」 GMS
⑦	1903年	価格破壊で乗用車の大衆化 （1908年Ｔ型車で$950→$290へ価格破壊）	「Henry Ford」

した。これはボストン港に停泊中の東インド会社の貨物船が積荷の紅茶箱を決起した市民たちに海へ投棄された事件である。

このため一七七四年英国本土から鎮圧のために軍隊が派兵され、それが一七七五年からはアメリカ独立戦争勃発へと発展、翌一七七六年アメリカ国家の「独立宣言」となった。

このようにアメリカ建国は、実は生活必需品の価格の人為的乱高下への民衆の反撃が引き金だったのだ。

今日、米国の食品小売業の大手チェーンとなっているＳＳＭ（Super Supermarket）チェーンの社史をひもといてみると（35、38ページ表参照）、Kroger、Jewel、Safewayといった食品小売業大手チェーンは、かつてその固有名詞の社名の下にすべてTea（紅茶）という名がついていた。

同ＳＳＭチェーンのＡ＆Ｐ（Great Atlantic & Pacific Tea Co.）は一八八〇年に世界ではじめて一〇〇店突破しているが、その原動力は紅茶を商品としてバーティカル・マーチャンダイジングしたことで信頼を得たことである。

これは米国の小売業が地球の反対側にあるセイロン島にまで出向いて、当時大衆品・実用品の代表である紅茶の栽培から、収穫、加工、梱包、運搬と、原料から小売店頭まで一貫したサプライ（供給）システムを十九世紀半ばには構築していたということなのだ。

こうしたチェーンストア経営企業に共通した行動のイデオロギーを要約すれば、次の四ヵ条となるだろう。

① 国民大衆の日常生活上の必需品を安価に提供することで、大衆のより豊かなくらしづくりを進める

② (国民大衆の)使う立場から必要な品質と適切な価格の安定の二点について、信頼されるための(安心してもらえるような)努力を続ける

③ 地球上全域にわたる広いバーティカル・マーチャンダイジング活動による商品開発

さらに後の時代になって、

④ マス・ストアーズ・オペレーション

と集約されるのである。

くわしくは表Ⅰ・2-1をご覧いただくと、商業者の営々たる努力と奮起ぶりがわかるだろう。

逆にいえば、単に一店当り、ないし単位面積当りの売上高や、経営者一族の資産拡大が活動の目的ではなかった。さらに生活財領域での生産者と消費者との仲介業

という役割の企業ではなかった。経済的にも社会的にも、抜本的な改善と改革を進行させるニュー・インダストリーなのである。その活動の本質を、いみじくも表現し、歴史学の領域でも主張したのが、かつてピューリッツァー賞を受賞した論文である（表II・1-4、143ページ）。

2 アメリカのチェーンストア発展史

十九世紀末のチェーンストア基本動向

十九世紀中に起こった主な出来事の詳細は、表I・2-2の年表をご覧いただきたい。

NB（National Brand 製品）メーカーは二十世紀初めにようやく出現したものだ。当然にそれまではサプライヤーもまだ存在していない時代だった。そこで十九世紀後半に活躍していたチェーンストアの先駆者たちは、自分たちで生活必需品の集荷システムを築造したのである。そのスローガンはとにかく①「あるべき品質の決定」と②「必要な数量の確保」、さらに③「価格の安定」だった。

そこで十九世紀後半における初期チェーン化企業の基本動向は、次の三つといえよう。

表Ⅰ・2-2　アメリカのチェーンストアの発展
19世紀の詳細（バーティカル・マーチャンダイジングで集荷ルート開拓時代）

1813	文化10	綿紡工場経営者 Robert Owen が従業員に生活必需品を公正な品質と価格で提供する「New Lanark Village Store」を開店。
1844	弘化元	上記をモデルに英ランカシャーで Society of Equitable Pioneer が Rochdale 宣言、生協店舗第1号。 [製品生産者主義への消費者側反撃]
1852	嘉永5	フランス Aristide Boucicaut が製品種類別ギルドのアウトサイダーを集め総合店第1号 Bon Marché をパリのサバブの馬小舎に開店。[生活必需品の総合化と価格カルテル破壊と客の要望で品質を決定]
1858	安政5	アメリカで John Wanamaker（後に郵政長官）が近代的建築施設の百貨店第1号を創始（Philadelphia）。スローガンは「正札販売」「自由にみる」「お客は王様」「重点販売」「労働時間短縮」。
1859	6	アメリカで The Great American Tea Co.（後の A&P）が創業。 [1880年に世界最初の100店突破][紅茶のバーティカルルートづくり]
1861	文久元	＜南北戦争勃発＞＜米国内の産業革命投資活発時代＞
1867	慶應3	＜マルクス資本論発表＞
1869	明治2	＜米大陸横断鉄道開通＞
1876	9	Fred Harvey（Kansas 州 Topeka で FS 多店化第1号）が食材の産地直接買付け開始。
1879	12	Frank Woolworth が The Great Five Cent Store を開店（1900年59店）。 [最終製品生産者と直接取引き]
1883	16	Great Western Tea Co.（現 Kroger）1号店。 ＜F. W. Taylor が Time Study 開始＞
1886	19	鉄道員 Richard W. Sears（23歳）が懐中時計の通販開始。
1887	20	Sears に時計修理工 Alvah C. Roebuck が参加、品質保証の PB で勝負。
1893	26	J. R. Thompson FS 業でコミッサリー方式第1号（1926年126店）。
1896	29	Julius Rosenwald が Sears 副社長に、廉価“良品”宣言で本格的多店化。
1899	32	S. S. Kresge（現在 Kmart、2005年 Sears と合併）バラエティストア1号店。 Jewel Tea（食品）1号店。

表Ⅰ・2-3
Julius Rosenwald（Searsの本格チェーン化推進者）1895年発表の経営信条

…より安く買い付けることによって、より安く売れ。大量買い付けと現金買い付けによって、安く買い付けよ――しかし、品質は維持せよ。
…販売経費を切り下げることによって、安く売れ。さらに品物を、生産者から消費者にもたらすまでの経費を最小限度まで減らせ――しかし、品質は維持せよ。
…個々の商品の利益は小さく、多くの商品を売ることによって、全体の利益をふやせ――しかし、品質は維持せよ。

第一に、品質と価格との安定を実現しようと集荷システム築造と取り組んだ。その特色は、グローバルに広がったバーティカル・マーチャンダイジング・システムである。それは後世にチェーンストアによるＰＢ（Private Brand）づくりと名付けられた。近所での手短な仕入れではないのである。

第二に、激しい同業との競争の中での決め手は、その店では必ず安心して買えると信頼してくれるお客をふやすことだった。

第三に、それ故に、チェーンストア化における経営努力のバロメーターは常に客数とされてきたのだ。売上高規模が尺度ではなかったのである。

その本質を一言で表現すれば、「大衆の日常のくらし（生活）」の革命を一貫して活動目的にしていたことである。それが可能だったのは、必要な資金と人材とを用意できるビッグストアづくりがすでにできていたからだ。チェーンへの準備がビッグストアづくりなのだ。

その経営の基本原則をまとめてみると、

① 「作る」、「売る」立場からではなく、実際にその品を使う消費者の立場から必要なあるいは適切な品質を確保しながら ┐
② その時点の価格相場破壊を推進する ┘ 商品革命と
③ 総合化とスーパーストア化（専門化された総合化）

④ 店づくりは急速な多店化とドミナント・エリアづくりをモットーに
⑤ 徹底した計数管理と
⑥ チェーンストア独特のきびしい組織管理と
⑦ そのために徹底した教育システムの重視

という七項目なのである。これこそ、次の本格的なチェーンストアづくりへと発展するビッグストアづくりの原理でもあったのだ。

表Ⅰ・2-3は当時本格的チェーンストア化企業のモデルとされたシアーズ(Sears)社の経営信条である。

いかにまず品質を重視したかを示している。それは消費者の信頼を受けるための絶対条件だったのだ。ただしそれは日本でしばしばいわれる高級品化、上質化ではなくて、人々のくらしに必要なあるいは適切な品質だったのである。

つづいて二十世紀前半での年表は、表Ⅰ・2-4である。

基本動向は、第一に、一九〇〇年代にNBメーカーが初めて出現したことである。その第一号がフォード(Henry Ford)の自動車製造業者だった。彼は小売業のシアーズにおける通信販売向けの小包作業のコンベアシステムを見学し、それをヒントに自動車組立ての流れ作業方式を発明し、複雑な製品の大量生産方式を開拓した。こ

表Ⅰ・2-4　アメリカのチェーンストアの発展
　20世紀の第2次世界大戦までの詳細
　（チェーンの多店化と、「ビッグ」から「チェーンシステム」への切替え時代）

1902	明治35	J. C. Penneyが総合実用衣料店を開始。1916年100店。
1903	36	＜ライト兄弟初飛行＞ ＜Henry Fordは1903年A型車、1908年T型車を（以後1,500万台）製造発売し、売価を$950→$290へ［価格破壊］。これは乗用車の大衆化のためにベルトコンベアシステムのほか、作業体系転換で労働時間を週8H節約して時給を2倍へ、続いてトラックも生産拡大→道路網建設ブームとあいまって物資輸送が大飛躍→大型店出店ブーム→通販の凋落へ＞
1912	大正元	A&P（Great Atlantic & Pacific Tea Co.）がEconomy Store（小型総合食品店で配達・掛売り廃止）1号店。
1914	3	＜第1次世界大戦勃発＞
1915	4	＜大陸横断電話線開通＞
1916	5	・Clarence Sanders セルフ・サービス方式を開発。 第1号はPiggly Wiggly（Memphis, Tennessee）。
1919	8	A&PがコーヒーのPB“Eight O'Clock”販売開始。
1920	9	＜工業生産額が農業をこえる＞ A&P 4,638店へ、Penney 300店、Woolworth 1,111店へ。
1922	11	・［反チェーン運動全米に波及］
1925	14	・食品小売では、Safewayが会社合併で1,050店へ。 ・Howard Johnson ファミリーレストラン第1号。
1926	昭和元	ボランタリー・チェーン第1号IGA。 合併でFirst Nat'（食品）1,681店。
1929	4	＜世界大恐慌＞
1930	5	・Michael Kullenが部門別管理手法を開発、更にスーパーマーケット第1号としてKing Kullenを開店（Jamaica, N. Y.）。 ・A&PのEconomy Store（食品）15,737店へ、Safeway（同）2,075店へ、Woolworth（VS）1,881店へ、Penney（GMS）1,042店へ、Sears（同）338店へ。
1932	7	・Chock-ful-o Nuts スナック第1号。
1933	8	＜この年失業者1,300万人と最大に＞ Kroger（食品）が大手で初めてSM化。（SMが軌道にのったのは第2次大戦後）
1936	11	Big BoyがCof. S. 第1号。A&PもSMに転換。
1939	14	Dairy Queen アイスクリームショップ第1号。 ＜この年第2次世界大戦勃発＞
1940	15	・［チェーンストアへの特別課税法廃案］（再販価格維持、仕入優遇抑制法も）。

れが後のＮＢ時代の幕開けとなったのだ。

特筆すべきことは、①部品の規格化と、②段取り（作業工程と品質）の標準化で、作業の正確さと迅速さとによって従来の三分の一という低価格を実現。それまで高級趣味品の代表だった乗用車の大衆化と実用化（日常生活化）をはかったことである。

この工法では「科学的管理法」から「生産工学」、「ＩＥ（Industrial Engineering）」へと技術理論体系が開発され、あらゆる生産面で実行されることとなった。特に、一九六〇年代以降は、アメリカの流通業でも、「生産工学」や「ＩＥ」が合理化の武器になっていくのである。

第二に、年表からもわかるように、一九二〇年代前半には、一挙に反チェーン運動が全米に広がっていった。

ところが、一九二九年に発生した世界大恐慌直後に、アメリカ国民大衆は、議会や行政よりも、チェーンストアのほうが確実に人々のくらしを直接守り育ててくれるという事実を体験した。そこで、生活必需品を日常提供するチェーンストア産業こそ、生活になくてはならぬ社会的インフラ（基盤）だと、国民は思い知ることとなった。ここでいう社会的インフラとは、道路、上下水道、公園、鉄道といった公共施設のことである。

このため、米国ではチェーンストアへのすべての反対運動は一挙に終息した。

表Ⅰ・2-5　アメリカのチェーンストアの発展

第2次世界大戦以降の詳細
(20世紀後半に、アメリカでも過去150年間分に匹敵する大変化が凝縮して出現した)

1945 〜 1955	昭和20 〜 30	[食品30～50坪型からSM（150～200坪）へと転換が活発化]
1948	23	Don Castoがショッピングセンター第1号（NSC、後にCSC）をColumbus（Ohio）に開設、核はVS（今日のKmart）とGMS（Penney）とSM（Big Bear）。
1949	24	Richard McDonaldとMaurice McDonaldがハンバーガースタンド第1号（San Bernardino, Calif）。
1950	25	＜クレジットカード開始＞
1954	29	Eugene FerkaufがDS第1号E. J. Korvette。 Burger King、大型ハンバーガーチェーン化第1号。
1955	30	McDonald's、Raymond A.Krocが中型ハンバーガーチェーン第1号。
1958	33	ハーバード大教授M. P. McNairが「小売の輪（廻）理論」仮説を提唱。
1962	37	Kresge（VS）がDS Kmart、Ben Franklin（VS）、Sam WaltonがWal-Martのそれぞれ1号店を開店。 [SMから第1次SSM（600坪）への転換活発化]
1976	51	MWC第1号をPrice Club（現在のCostco）が開業。
1979	54	A&PのコーヒーのPB“Eight O'Clock”をNBとして他社でも販売開始（2006年浸透率 店数の65%）。
1980	55	Super Valuが最初のSWS Cub第1号。 [1980年代から第2次SSM化して800坪型となり、NSCの第1核に]
1984	59	The LimitedがLerner（800店）を買収して衣料専門店チェーンとして世界最初の2,000店突破を達成。
1990	平成2	百貨店業界は2大勢力に集約。GMS 3社が核売場だけの新formatへ[この年代にDSを第1核としたCSCのオープン・エア型SCが一方的勝利へ]
1991	3	Wal-Martが小売業として世界1に。
1993	5	Searsがカタログ販売を、Penneyがハードグッズを、Woolworthが主力だった大商圏型VS 1,400店をやめた[GMSフォーマットの一斉解体、主力商品の転換相つぐ]
2000	12	Ward（GMS第3位）が倒産［RSCの客数減少止まらず］
2002	14	Wal-Martが全産業中世界1の企業に。1986年小売業全米1位だったKmart（DS）が倒産。13カ月後更生（2003年）
2005	17	Sears（GMS）がKmart（DS）を買収

一九四〇年代以降、アメリカのチェーンストアは堂々と産業化を完成させたのである。

二十世紀後半

さて、いよいよ二十世紀後半の年表は、表Ⅰ・2-5である。

第二次世界大戦の軍需で巨大化したNBメーカーは、大戦終了後の平和の時代になって生産量をさばくことに行き詰まった。困却のあげく、チェーンストア業界にすりより始めた。これによってNBメーカーによる小売業チェーンへのディーラーヘルプ販促活動が拡大し、チェーンストアとの蜜月時代に入る。

しかし、第二次大戦後の二十世紀後半に入ると、チェーンストア業界では、新しいフォーマット（業態類型）が続々と出現して、新しいライフスタイルを提案し、生活の豊かさをさらに促進した。それぞれのフォーマットが人々のTPOS（time, place, occasion, style＝用途）ごとにチェーン化をめざして疾走する混戦時代となった。どんなライフスタイル提案の新型が現れたかは、表Ⅰ・2-6をご覧いただきたい。

そのあと、一九八〇年代以降になると、これらフォーマットのライフサイクルが一〇～二〇年間へと短縮され始めた。一九五八年に提唱されたMc Nair教授（ハーバード大学）の「小売の輪」理論（低価格のフォーマットの交替仮説）が実証され始めたわけである。つまり、成功したどのフォーマットでも三〇年間未満に凋落が始まる

表Ⅰ・2-6　チェーン化フォーマットの１号店出現年表

◇小売業

1844	生協 – Society of Equitable Pioneer（Rochdale、英）
1852	総合店 – Bon Marché（Paris、仏）
1858	百貨店 – John Wanamaker（Philadelphia、米）
1866	GMS – Sears
1879	VS – Woolworth
1883	SM – Kroger Tea
1899	VS – Kresge、SM – Jewel Tea
1901	DgS – Walgreens
1902	GMS – Penney
1903	< NB メーカー – Ford Motor >
1912	SM – A&P Tea
1926	VC – IGA
1930	SSM – King Kullen
1948	SC（Columbus、Ohio）
1954	DS – Korvette
1955	VS – Dollar General
1962	DS – Kmart、Wal-Mart、Target
1963	DgS – CVS
1976	MWC – Price Club
1978	HC – Home Depot
1980	SWS – Cub
1990	SuC-Wal-Mart Supercenter
	Limited Assortment Store-Trader Joe's、Aldi

◇FS業

◎印：3,000店以上、○印：1,000店以上

1925	Howard Johnson	ファミリー・レストラン	
1932	Chock-ful-O Nuts	スナック	
1936	Big Boy	コーヒーショップ	
1948	Saga	給食	
1950	Dunkin	ドーナツ	◎
1952	Holiday Inn	モーテル	○
1954	Burger King	大型ハンバーガー	◎
1955	McDonald's	中型ハンバーガー	◎
	KFC	唐あげニワトリ	◎
1958	IHOP	パンケーキ	○
	Pizza Hat	ピザ	◎
1961	Taco Bell	タコス	◎
1963	Bonanza	大衆ステーキ	
1964	Arby's	ローストビーフ	◎
1965	Subway	サブマリンサンド	◎
1968	Long John Silver	白身魚のフライ	
1969	Straw Hut	ピザ	
	Wendy's	大型ハンバーガー	◎
1985	Taco Bell	新作業システム開発で一挙に拡大	◎
1988	Outback Steakhouse	ステーキハウス	
	Starbucks	グルメ・コーヒー	◎
1995	Boston Market	ホーム・ミール	
2000	ハンバーガーが非健康食品として客数減へ		
2002	"Fast Casual" フォーマット		

というのである。チェーンストア自身に蘇生が必要となったのだ。

一方、チェーンストアとメーカーの間では、一九七〇年代にNBメーカーが強力、従って横暴になりかけたことに対して、チェーンストア側はSB（Store Brand）開発作戦で対抗。さらに一九八〇年代からは、第二次PB開発時代となっている。この場合の技術上の焦点は、あるべき品質についてのトレード・オフ（234ページ参照）対策なのである。品質問題での新しい局面となってきたわけだ。

この時代になると、第二次大戦後にニューフォーマットを開拓したチェーンストアの創業者たちは次々と亡くなり、ワンマン経営型や一族世襲型の企業は衰退を開始した。代わって優秀なサラリーマン出身者による徹底した組織管理とマネジメント体制による経営が主流となっていくのである。

3　アメリカのチェーンストアの現状

アメリカでは、チェーンストアこそ国民の生活を守る基幹産業であるという自負はこの一世紀半変わりない。その上で現在もチェーンストア間の激しい顧客争奪戦が繰り広げられている。それは日本の比ではない激しさなのだ。

表Ⅰ・2-7　全産業・世界年商順位表　　1 US $＝100円

'14 世界順位		社名	フォーマット	売上高	純利益
全産業	小売業			(兆　円)	(百億円)
1	1	Wal-Mart（米）	DS	48.5	163
2		Sinopec Group（中）	石油	44.6	51
3		Royal Dutch Shell（蘭）	〃	43.1	148
4		China National Petroleum（中）	〃	42.8	163
5		Exxon Mobil（米）	〃	38.2	325
6		BP（英）	〃	35.8	37
7		State Grid（中）	電力	33.9	97
8		トヨタ	自動車	27.2	217
9		Volkswagen（独）	〃	26.8	145
10		Glencore（スイス）	商社	22.1	23
11		Total（仏）	石油	21.2	42
12		Chevron（米）	〃	20.3	192
13		Samsung Electronics（韓）	電機	19.5	219
14		Berkshire Hathaway（米）	金融	19.4	198
15		Apple（米）	コンピュータ	18.2	395
16		McKesson（米）	薬剤卸	18.1	14
17		Daimler（独）	自動車	17.2	92
18		Industrial & Commercial Bank of China（中）	金融	16.3	447
19		Exor Group（伊）	自動車	16.2	4
20		AXA（仏）	金融	16.1	66
30	2	CVS Health（米）	SDgS	13.9	46
52	3	Costco（米）	MWC	11.2	20
54	4	Kroger（米）	SSM	10.8	17
62	5	Tesco（英）	HM	10.1	▲93
64	6	Carrefour（仏）	〃	10.1	16
76	7	※Schwarz Unternehmens Treuhand KG (Lidl、独)	Limited Assortment Store	9.8	—
98	8	Metro（独）	総合	8.5	1
102	9	Home Depot（米）	メガHC	8.3	63
106	10	※Aldi Einkauf GmbH & Co. oHG（独）	Limited Assortment Store	8.1	—
116	11	Walgreens Boots Alliance（米）	SDgS	7.6	19
117	12	China Resources National（中）	総合	7.4	24
119	13	Target（米）	DS	7.2	▲16
131	14	Groupe Auchan（仏）	HM	7.0	7
132	15	イオン	総合	7.0	4
150	16	Finatis（仏）	HM	6.5	▲0.1
167	17	※Centres Distributeurs E. Leclerc（仏）	〃	6.0	—
168	18	セブン&アイ・ホールディングス	総合	6.0	17
174	19	Wesfarmers（豪）	〃	5.7	24
179	20	Lowe's（米）	メガHC	5.6	26
184	21	Woolworths（豪）	総合	5.5	22
186	22	※Rewe Combine（独）	SM	5.5	2
200	23	※ITM Développement International (Intermarché、仏)	〃	5.2	—
253	24	Royal Ahold（蘭）	〃	4.3	7
267	25	Best Buy（米）	CESS	4.0	12

小売業のみ（30位以下）

［資料］Fortune Global 500と※（2013年度の数値）はGlobal Powers of Retailing 2015, Deloitte、日本企業は最新有価証券報告書から日本リテイリングセンターが集計

［註］オンライン販売のAmazon.comは、売上高8.8兆円で、全産業89位、小売業8位に入ることになる

ところが日本では、上質化、こだわりなど一部の年収の高い人あるいは一部の趣味的な人向けとも受け取れる見当違いのことばかりが話題となっている。安さを強調した自社開発品を陳列しながら、その隣には値段のはるこだわり商品も並べるというトンチンカンな状況も多い。

アメリカの小売チェーン、ウォルマート（Wal-Mart）社は、低価格で必需品を提供し続けることによりアメリカだけでなく世界中の支持を受け、いまや石油産業と肩を並べ、売上高は四八兆円超と全産業中企業別で世界第一位となった（表I・2-7参照）。

また、現在のアメリカのフード・サービス業のチェーンストアの状況は、表I・2-9をご覧いただきたい。店数規模は日本とは桁違いで、四桁が当たり前であり、さらにきわめて高収益なのだとわかるであろう。

経営マスコミの論調では、フード・サービス業もフランチャイズ・チェーン花盛りの印象を受けるが、アメリカの実態はこの業界もあくまでレギュラー（直営）チェーン主力なのである。

まだ本格的競争がなく、圧倒的貢献度の高い本格的チェーンストアもそろっていない日本は、アメリカからチェーンストアづくりのために、学ぶことがまだあまりにもたくさんある。

それなのに、一部の識者が「もう学ぶべきことはない」、「次は欧州からだ」とか、さらに「学ぼうとするのは危険だ」とさえ発言するのは、間違っている。

日本ではいまだに、国民からなくてはならぬ「基幹産業」だとは受け止められていない。わが国チェーンストアはまだアメリカの社会のように社会的インフラとは認知されていないのだ。われわれの努力がまだ不足しているのだ。

アメリカのチェーンストア軌道

さてアメリカのチェーンストアと日本の流通業一般との違いは、二つある。

アメリカのチェーンストアには、第一に大衆の〝くらし〟の変革をめざすコア・イデオロギーが企業に存在していること。

第二にチェーンストアのマス・マーチャンダイジング・システムでしか提供できない〝ご利益《りやく》〟の実現をモットーとしていることだ。

前者が生きがいとなり、後者がやりがいとなっている。

絶対原則は、①大部分の人々が使う品、つまり大衆品（Everybody Goods）と、②日常的により高頻度で多量に使う品、つまり実用品（Everyday Goods）を、③より低い売価（Popular Price）で、④より多くの地域（Mass Stores）で、⑤同じように（標準化、Standardization）提供することである。

したがって、それを実現するために、

(1) より高頻度来店、つまり固定客をふやすこと
(2) より小商圏化、つまり寡占化を進めること
(3) より客にとって便利に、使い勝手の良い買い物環境（業態）を整えること

をめざすのである。

そのための手段は、

第一に、ベーシック商品を揃えることである。ベーシック商品とは、消費者がいかに節約しようとしても、どうしても買わざるを得ない必需品の中から、わが社のフォーマットと独自の政策に合うものを選び抜いた商品群を指す。つまり核商品づくりだ。

第二は、エンジニアリング（Engineering）化である。エンジニアリングとは、事象を計測することで数値に置き換え、それを分析して、科学的にシステム改善に役立てることである。つまり数値による論理的な改革をわが社で継続して実行することである。印象や雰囲気で物事を判断すると間違った努力方向へ進みやすいからだ。その点で、日本の流通業で横行しているガンバリズムも否定するのだ。

第三は、マス（Mass）化である。マスとは、膨大な数量の規格品または標準店を、一品目または一店舗ごとに、計画したとおりに取り扱うことだ。チェーンストアで言う本来の「マス」の意味については、第Ⅱ編第1章の4項（129ページ）で詳細に

※印は税前利益率。　—印は赤字。　太字は優秀なマネジメントを示す数値。

フォーマットと店数
国内 5,163（DS 470 + SuC 3,407 + MWC 647 + SSM 599 と小型フォーマット 40）+海外 6,290 = 11,453
SDgS 国内 7,775 +その他 151 +ブラジル 47 = 7,973
MWC 国内 468 +海外 195 = 663
SSM と CbS と SuC と SWS 2,625 + CvS 782 + SS（宝飾）326 = 3,733
メガ HC 国内 1,977 +カナダ・メキシコ 292 = 2,269
SDgS 8,207 +その他 102 = 8,309
DS 1,532 + SuC 249 +小型フォーマット 9 = 1,790
メガ HC 国内 1,793 +カナダ・メキシコ 47 = 1,840
CESS 1,050 +携帯 367 +その他 31 +カナダ・メキシコ 283 = 1,731
SSM と CbS 1,326
DS と SuC 979 + GMS 717 +その他 29 = 1,725
SSM 1,095
OPS 国内 2,587 +海外 808 = 3,395
Dept. 730 + HFuS・OPS 93 = 823
FFS 国内 14,350 +海外 21,908 = 36,258（内直営 6,714 + FC 20,774 +ライセンシー 5,228 +関連会社 3,542）
SDgS 4,570
オフィスサプライ DH 国内 1,364 +海外 619 = 1,983
Jr. Dept. 1,162
VS 11,789
SSM と CbS 194 + Limited Assortment Store 1,334（内直営 431 + FC 903） = 1,528 +フードディストリビューション
カフェ 国内 14,191 +海外 7,175 = 21,366（内直営 10,713 +ライセンシー 10,653）
アパレル国内 849 +海外 566 + Old Navy 936 +同海外 120 + Banana Republic 549 +同海外 116 +その他 144 +海外 FC 429 = 3,709
オフィスサプライ DH 国内 1,745 +海外 146 = 1,891
オーガニック SM 国内 381 +海外 18 = 399
Dept. 116 + OPS、他 176 = 292
FFS 国内+海外= 41,546（内直営 8,664 +関連会社 757 + FC、ライセンシー 32,125）
玩具 国内 373 + Babies 225 +玩具と Babies 214 + Express 60 +海外（FC 含む）942 = 1,814
GMS 1,062
HFaS 国内十カナダ 1,019 +その他 494 = 1,513
インティメートアパレル 1,098 +トイレタリー 1,558 +アクセサリー 29 +カナダ 274 +イギリス 10 = 2,969

［註］5．Yum Brands の FFS 業の内訳は KFC、Pizza Hut、Taco Bell

［資料］Fortune 500 2015 と各社 annual report 2014 から日本リテイリングセンター作成

表Ⅰ・2-8　アメリカチェーンストア年商上位表（2014年度）

年商 全産業中 '13	年商 全産業中 '14	チェーン順位 '13	チェーン順位 '14	社名	年商 億$	営業利益率 %	純利益率 %
1	1	1	1	Wal-Mart	4,856	5.5	3.3
12	10	2	2	CVS Health	1,393	6.3	3.3
19	18	3	3	Costco	1,126	2.8	1.8
24	20	4	4	Kroger	1,084	2.8	1.5
33	33	5	5	Home Depot	831	12.5	7.6
37	35	7	6	Walgreens	763	5.4	2.5
36	36	6	7	Target	726	※ 5.0	—
52	50	8	8	Lowe's	562	※ 7.6	4.8
68	72	9	9	Best Buy	403	3.5	3.0
87	84	11	10	Safeway	363	1.4	0.3
86	99	10	11	Sears Holdings	311	—	—
103	101	12	12	Publix	308	7.7	5.6
107	103	15	13	TJX	290	※ 12.2	7.6
106	105	14	14	Macy's	281	9.9	5.4
105	110	13	15	McDonald's	274	28.9	17.3
116	117	16	16	Rite Aid	265	※ 1.6	7.9
126	133	17	17	Staples	224	1.3	0.6
150	157	18	18	Kohl's	190	8.8	4.5
163	159	19	19	Dollar General	189	9.3	5.6
168	164	20	20	Supervalu	178	2.3	1.0
196	187	22	21	Starbucks	164	18.7	12.5
178	188	21	22	Gap	164	12.6	7.6
249	194	29	23	Office Depot	160	—	—
218	214	24	24	Whole Foods	141	6.5	4.0
224	224	26	25	Nordstrom	135	10.2	5.3
216	228	23	26	Yum Brands	132	11.7	7.9
223	245	25	27	Toys "R" Us	123	1.5	—
235	250	27	28	J. C. Penney	122	—	—
239	260	28	29	Bed Bath & Beyond	118	13.0	8.0
263	262	30	30	L Brands	114	17.0	9.1

［註］1．ネット販売のAmazon.comは年商889億$でチェーンランキングに加えるとすれば5位、全企業中29位になる。
2．米国から見れば外国資本とされる（イ）Ahold USA（オランダ）、（ロ）Delhaize America（ベルギー）、（ハ）A＆P（ドイツ）の3社（いずれも食品小売業）はこの表に含まれない
3．McDonald'sの営業利益率はコンツェルンの各種収支の総合結果
4．Rite Aidの純利益には税関連引当金が含まれる

説明する。

第四は、標準化である。結果の規格化ではなくて、方法の例外をできる限り最少にとどめることである。これも詳しくは第Ⅱ編第1章の5項（138ページ）を見てほしい。

だが根本的には、「わが社は一〇〇年後も社会的インフラ（施設）でありたい」というビジョンを持ち続けることなのである。日本のチェーンストア志向企業でも、せいぜい三〇〜四〇年間ていどで大望が挫折してしまう例が少なくないのである。

表Ⅰ・2-9　アメリカのFS業大手チェーン売上高（FCを含む）順位表（2014年版）

順位	チェーン名	フォーマット	親会社	全システム売上高（億ドル）	店数（直営＋FC） 2014年	増減	1店あたり平均年商（万ドル）	1990年順位
1	McDonald's	ハンバーガーFFS	—	354.4	14,350	72	247	1
2	Starbucks	カフェ	—	130.1	11,939	501	111	1988年創業
3	Subway	サブマリンサンドFFS	Doctor's Associates Inc.	122.6	26,530	196	46	4
4	Burger King	ハンバーガーFFS	3G Capital Partners Ltd.	86.3	7,129	▲26	120	5
5	Wendy's	ハンバーガーFFS	—	85.6	5,750	▲41	148	12
6	Taco Bell	タコスFFS	Yum! Brands Inc.	82.0	5,921	152	140	13
7	Dunkin' Donuts	ドーナツ・マフィンFFS	—	71.7	8,082	405	91	18
8	Chick-fil-A	チキンサンドFFS	—	57.1	1,871	112	314	49
9	Pizza Hut	ピザFFS	Yum! Brands Inc.	55.0	7,863	17	70	2
10	Applebee's	ディナーレストラン	DineEquity Inc.	45.7	1,870	9	245	76
11	Panera Bread	ベーカリーカフェ Fast-casual	—	42.6	1,759	103	249	100位以下
12	KFC	チキンFFS	Yum! Brands Inc.	42.0	4,370	▲121	94	7
13	Domino's Pizza	宅配ピザ	—	41.1	5,067	81	81	6
14	Chipotle Mexican Grill	ブリトー Fast-Casual	—	40.6	1,755	183	244	1993年創業
15	Sonic Drive-In	ハンバーガーFFS	—	40.3	3,518	▲4	114	26
16	Olive Garden	ディナーレストラン	Darden Re. Inc.	37.6	840	9	450	61
17	Chili's Grill & Bar	ディナーレストラン	Brinker Int. Inc.	36.3	1,263	1	287	64
18	Little Caesars Pizza	ピザテイクアウト	Ilitch Holdings Inc.	34.0	4,087	201	85	11
19	Buffalo Wild Wings	ディナーレストラン	—	32.3	1,052	74	319	100位以下
20	Dairy Queen	ハンバーガーFFS	Berkshire Hathaway Inc.	31.9	4,446	▲14	71	8
21	Jack in the Box	ハンバーガーFFS	—	31.7	2,249	▲2	141	27
22	Arby's	ハンバーガーFFS	Roark Capital Group	31.7	3,226	▲43	97	15
23	IHOP	コーヒーショップ	DineEquity Inc.	29.3	1,579	15	186	46
24	Papa John's	宅配ピザ	—	26.8	3,250	43	83	100位以下
25	Denny's	コーヒーショップ	—	25.3	1,596	▲3	158	14

［註］米国のみの売上高、FCを含む
［資料］Nation's Restaurant News 2015/6/15より日本リテイリングセンター作成

3

商業の復権

1　日本の商業革新史

日本では江戸時代まで、その時々の軍事・政治権力の庇護の下に、商業の事業化が進んでいった。

十六世紀には、織田信長が楽市楽座を奨励し、市庭（いちば）と座とによるギルド（価格カルテル）を破壊し、物流の妨げとなっていた関所を廃止して、自由市場を拡大した。

また、豊臣秀吉は、役銭、関銭、社銭制を廃止し、中間のピンはねを排除した。こうして、物流と集荷力とを持つ問屋が京都・堺・博多に出現したのだ。

十七世紀初めには、①御朱印船で台湾、マカオ、東南アジアなどとの外国貿易を開始、②貨幣が全国統一され、③幕藩体制下の領地ごとに酒造、漆器、陶器、鋳物、織物など特産地づくりが盛んになるが、④生産者の資力はまだ小さく、五街道や定期廻船制度が整備されつつあったが、運送技術は未発達という状況であった。

その中で、江戸・大坂（現在大阪）・堺・京都に豪商が出現し、商業資本が成立していった。その成立経過は、(1)資金を蓄積して規模を拡大し、(2)本店・仕入店・販売店とに機能を分けて出店し、(3)さらに驚くべきことは、日本独自に損益と資産勘定を区

表Ⅰ・3-1　本商人たちの精神

(イ)越後屋創業者三井高利の商法（三越）（1673年延宝元年）	(ロ)高島屋初代飯田新七遺訓（1831年天保2年）
①　大衆品主力	①　確実な品を安く売り、自他の利益を考える
②　（先払い、加工機貸し、輸入材料活用で）相場を破壊	②　商品の品質を正しく客に言い、ウソをついてはならない
③　低利幅で高回転主義	③　客は平等に待遇（収入や地位で差別してはならない）
④　掛売りなし、正札主義	
⑤　小口単位販売	
⑥　即日仕立て	
⑦　返品自由	
⑧　店内販売（×訪問販売）	

別する簿記を武器とした商業の経営管理原則を確立したことだ。

豪商による金字塔

さきに説明したように江戸時代に入ると、安定した幕藩体制の下、商業者は富を蓄積できるようになり、いわゆる〝豪商〟と呼ばれる商人が登場した。

その中の一部は「本商人（ほんあきんど）」と呼ばれた。彼らは金儲けだけの御用商人像を否定し、バーティカル・マーチャンダイジング（生産と物流）システムを新しく築造していたのである。反物、茶、薬、家具など熟練した商品担当番頭であるバイヤーが産地に出向き、仕様書を出して生産させ、さらに製品へと加工させたあと、品質を確かめ、運搬手段を確保し、あらかじめ決めた販売単価で店頭売りをしたのである。

日本では今から三〇〇年前にすでに「商家」が商業ビジネスモデルを創出していたのだ。だから本商人は、本当の意味での〝たくましい商魂〟を持っていたといえるだろう（表Ⅰ・3-1参照）。

これを理論化したのが石田梅巌だ。商業者による「社会的貢献性」と「商業利潤の正当性」とをあわせて主張した。金儲け主義と受け止められていた〝商魂〟の意味はここで大きく変化したのである。

2　日本での立後れ

明治維新後

明治時代に入ると、幕府や大名たちが経営していた鉱山・製鉄所・造船所を官営として再開、紡績が稼動し、製鉄所の操業が始まり、日本の産業革命は欧米より一世紀遅れて開幕となる（表Ⅰ・3-2参照）。

商業の世界では、一九〇五年三越が日本の百貨店第一号として開業、一九一九年には、高島屋も百貨店を開業した。続いて一九二一年、神戸・灘各有限責任購買組合が開業し、生協運動も始まった。

大正時代になると「原価」「能率」「経営管理」論が活発化し、合理化の経営コンサルティングも始まるが、こうした動向は商業にはまったく無縁であった。列強諸国に対抗するべく、国力をつけるため、日本の産業の近代化が急速に進んでいったのに、国民のくらしを守り育てるはずの商業は開国と近代化の波からはおいてけぼりをくったのである。

アメリカでののろし

アメリカで一九一〇年代から捲き起こり、一九二〇年代に炎となって燃えひろがった株式会社によるチェーンストア産業づくりこそは、第一次産業革命の修正運動であった。それ故に、商業の復権をめざした偉大なるニュー・インダストリーの勃興でもあった。それは欧州にも飛火し、実に一社で一万店を超すという目くるめくようなものすごい多店化経営システムまでが創造されたのであった（表Ⅰ・2―4、5参照）。

当時はまだ、今日ナショナル・ブランドと呼ばれるメーカーも存在しなかった。マスプロ第一号とされるアメリカのフォード自動車のコンベア・システムは、実はかつてチェーンストア小売業のナンバーワンであったシアーズ社の、通信販売用の小包コンベア・システムをヒントにしたものである。大量生産が行なわれる以前に、チェーンストアによって大量販売システムができていたのである。大量生産によって大量販売が可能になったのではないのだ。

彼らは高級品や趣味品の一部を、ふだんのくらしに役立つように、大衆品・実用品として作りかえて提供しようとした。いまや大チェーン・ビジネスになった表Ⅰ・2―4、5のような企業は、食品ではコーヒーや紅茶、非食品では腕時計や旅行トランク、肌着、靴下、家庭着やドレスなどを、プライベート・ブランドとして商品開発し、それまでの半値以下の廉価で売りまくり、企業として大成長したのである。

彼らは仕様書（製品の材料や加工法などを詳細に規定した注文書）をつくり、原料や材料や製品の集荷、検査、保管、運搬、通関のシステムを組立て、一定の品質、一定

表Ⅰ・3-2　日本の商業史

A.　明治～終戦（日本の〝産業革命〟の開幕は欧州より1世紀遅れた）

1877	明10	足尾銅山を古河市兵衛が再開 （明17、全国生産量の26%へ）　［日本の産業革命開幕］
1883	16	大阪紡績（後の東洋紡）稼動
1887	20	鐘紡（2004年 行詰まって産業再生機構が支援開始）
1901	34	八幡製鉄所操業（日清戦争の賠償金投入）［日本の産業革命活発化］
1905	38	三越開業［日本の百貨店第1号］
1915 〜 1920	大4 〜 9	＜国内に「原価」「能率」「経営管理」論活発化＞ ［合理化経営コンサルティング始まる。商業はおいてけぼり］
1919	8	高島屋（百）開業
1921	10	神戸・灘各有限責任購買組合開業［生協運動の始まり］
1923	12	＜関東大震災＞
1924	13	日本百貨店協会（11社）設立
1927	昭2	＜日本は金融恐慌＞
1930 前後	5	このあたりで第1次多店化ブーム ●丸善（本）、マルキ（パン）、明治屋（食品）、高島屋ストア（非食）が2桁店数へ、FS業ではいろは（すき焼）、風月堂、森永キャンディーストア、パウリスターetc. ●メーカー系ボランタリー・チェーンとして星製薬、資生堂、福助足袋なども出現した ［これらはいずれも流通革命意識はなく、チェーン化スローガンは単に売上高拡大対策にすぎなかったので、1940(昭15)年ごろまでに頓挫した］
1937	12	・第1次百貨店法施行

B.　終戦直後＜「商業界」誌が革新への烽火（ノロシ）をあげた＞

1947	昭22	・独禁法公布・第1次百貨店法廃止（1956年第2次百貨店法施行、企業単位許可制）
1948	23	・雑誌「商業界」発行開始 ・政府中小企業診断事業開始＜経済復興の原動力＞
1951	26	・日生協結成 ・商業界箱根ゼミ第1回［〝商人道〟と〝商魂論〟との再展開］
1952	27	・＜日米講和条約発効・日本独立＞
1953	28	・紀ノ国屋（東京・青山）SM第1号＜独禁法改正で再販価格維持制度開始＞
1957	32	・ダイエー大阪千林店（16坪）とハトヤ（現マイカル）衣料セルフ（13坪）
1959	34	・商調法施行
1950年代		・第1次定価破壊運動→SMの開店反対運動全国で激化 ・擬似百貨店問題化

C. 胎動期 <ペガサスクラブは日本の〝産業革命〟開幕から4分の3世紀後に誕生した>

1960	昭35	・渥美俊一らがチェーンストア産業づくりのための50カ年プロジェクトを策定、そのための全国オルグ(ペガサスクラブの勧誘)とIE実験の開始
1961	36	・4部門総合化実験開始(ダイエー4号店神戸板宿)
1962	37	・ペガサスクラブ正式発足(指導陣は渥美俊一をはじめ川崎進一、藤島俊など) ・日本大量仕入機構発足(ダイエー、岡田屋、IY堂、長崎屋、イズミヤなど) ・ダイエー東洋紡と「ブルーマウンテン」カッターシャツでダブルチョップ1号
1963	38	・渥美俊一が初めて渡米、NCRMMMセミナーに参加、ついで欧州へ ・渥美俊一著「大量販売の基礎条件」発行、以下〝大量販売〟シリーズ全5巻(文化社)によって日本で最初のチェーンづくりの呼びかけ ・日本で最初の本部独立(ダイエー西宮) ・本格的日本型スーパーストア(SSDDS)第1号(ダイエー三宮店を転換、3層で960坪のセルフサービス) ・大型合併第1号ニチイ(旧マイカル→2011年イオンリテールと合併) ・〝大資本のスーパー〟進出規制運動開始
1964	39	・第1回ペガサス・アメリカセミナー開催
1965	40	・「年商3億円突破決起セミナー」開催 ・ダイエー花王石けんを公取委に提訴 ・チェーン化企業第1号労組ダイエーで発足
1966	41	・ダイエー「クリスティ」(ランジェリー)衣料のPB第1号
1967	42	・日本チェーンストア協会発足(ペガサスクラブ会員企業を母体に) ・公取委家電7社にカラーTVの価格カルテル排除審決(審判昭53年まで) (ヤミ再販事件1964～1977の間、食品、カメラ、家具、衣料で頻発) ・小売業で年商1,000億円第1号大丸 ・単行本〝ビッグストアへの道〟シリーズ全10巻(ビジネス社)発刊開始 ・「食堂チェーン化特別チーム」結成
1968	43	・「必須単語701(現必須単語1001)」発行開始、用語統一運動へ ・7月「流通近代化の展望と課題」(通産省)を発表。チェーンストアを日本の基幹産業として位置付け。(企業局管轄に移行) ・7月イズミヤ百舌鳥(堺)店、サバブSC(高層型)第1号 ・11月香里園ダイエーショッパーズプラザ(大阪府寝屋川)同(フラット型)第1号
1969	44	・合併でジャスコとユニーとが誕生 ・ペガサス開発輸入チーム編成(第1回はオーストラリア)

D. 飛躍期

1970	昭 45	・ペガサス開発輸入第３回東南アジア買付けセミナー ［ウナギ養殖事業の産地移動］ ・単行本〝流通の戦略〞シリーズ全８巻（ダイヤモンド社）発刊開始 ・すかいらーく１号店（1973 年８号店で標準化） ・ダイエー年商 1,000 億円突破 ・これからの数年、地域生協設立ブーム
1971	46	・IY 堂と紅丸商事とでヨークベニマル設立 ・マクドナルド、ミスタードーナツ各１号店
1972	47	・ダイエー年商 3,052 億円［三越を追抜いて小売業 No.1 へ］、うなぎ PB 開始 ・小売ベスト 10 社のうち５社が日本型スーパーストア ・ドイト HC １号店 ・単行本〝チェーンストアの実務〞シリーズ全 12 巻（実務教育出版）発刊開始
1973	48	・第４次中東戦争､石油価格一挙３割上昇､エネルギー危機へ（第１次石油危機）
1974	49	・日本リテイリングセンターの提唱で各社が日常生活品の「価格凍結」宣言 ・7-11 １号店、ケーヨーの HC １号店 ・大店法施行
1975	50	・単行本〝チェーンストアの経営〞シリーズ全４巻（実務教育出版）発刊開始 ・セルフサービスグループの小売業占拠率が百貨店グループをしのぐ

E. 規制強化と弱点暴露期

1978	昭 53	・大型店によるベンダーへの不当な要求の是正を公正取引委が勧告
1979	54	・日本チェーンストア協会が納品業者取引公正化自主規制基準作成
1980	55	・大店法改正規制強化、地方自治体いっせいに条例による出店規制へ ・ダイエー PB「セービング」誕生　トレード・オフ Generic 第１号 　西友も同様「無印良品」を ・日生協１兆円突破 ・FC で 1,000 店突破「7-11」
1981	56	・単行本〝転換期のチェーンストア〞シリーズ全４巻（実務教育出版）発刊開始
1983	58	・単行本〝チェーンストア実務原則〞シリーズ（実務教育出版、刊行中） ・「7-11」2,000 店突破 ・ダイエー初めて連結赤字
1984	59	・ジャスコ PB「ホームコーディ」（住居用品のトータルコーディネート PB 第１号） ・ダイエー PB「愛着仕様」（シリーズ PB 第２弾）
1988	63	・中内学園による流通科学大学創立

F.　低落と再出発との並行混乱期

1990	平2	＜バブル崩壊＞表面的リストラばかりでマネジメントはさらに低調に
1991	3	・大店法商調協調整が大店審調整へ
1992	4	・ジャスコ重点販売品目「ベストプライス」作戦開始
		・ペガサスクラブ活動30周年記念イベント「21世紀へ再始動――これまでのビッグストアづくりから本格的チェーンストアへの転換決起セミナー」で11月23日付日本経済新聞に「チェーンストア産業化宣言」の意見広告
1994	6	・〝価格破壊〟型PB続々出現
		・ジャスコPB「トップバリュ」「グリーンアイ」で再出発
		・味の素がNBメーカーとしてはじめてオープン価格制導入
		・本格的オープンエア・センター第1号、Mr Maxの「ハイパーモールメルクス本城」(北九州市) 開業
1995	7	・つづいてオープンエア・センターとしてジャスコ「パワーシティー四日市」とロック開発の「ロックショッピングタウン酒田」開業
		・NBメーカーのオープン価格制拡大
		・公取委から資生堂の値引き販売制限に対して排除勧告
		・同時に公取委は小売業388社 (平8年も125社) に対して「下請代金支払遅延防止法」、「不当な返品下請法規制」の違反警告
1997	9	・既存店年商前年割れ店数比率急増
		・大手いっせいに減収減益表面化。・有名企業倒産時代へ (ヤオハン、京樽)
1999	11	・東急百貨店日本橋店 (旧白木屋) 閉鎖 (336年目)
		・公取委は二重価格表示が不当表示にあたると大手7社に対し警告
		・価格相場崩落へ
2000	12	・PB大ブーム時代へ
		・長崎屋、そごう (百) 倒産
		・7月　行政官庁(経企庁・堺屋太一長官、物価レポート)はじめて〝流通革命〟を認知
		・大規模小売店舗立地法施行 (開店は2002年から)
		・12月　日銀はじめて〝流通革命〟を認知 (総裁記者会見)
2001	13	・デフレ傾向排除の気運 (〝反革命〟へ)
		・マイカル、壽屋倒産
2002	14	・Wal-Martが西友の最大株主 (37.8%) に・独Metro第1号店 (千葉)
		・ダイエー行詰まって債務免除と政策投資銀行 (政府資金) から100億円出資
2003	15	・セブンイレブンFC 1万店突破・イオン連結年商3兆円突破
2004	16	・消費税総額表示制へ (4月)
		・前ヤオハンがイオンのリードでマックスバリュ東海として再上場 (7月)
2006	18	・まちづくり3法施行
2007	19	・石油・穀物相場急騰、NB価格いっせい値上げ時代へ
		・8月　「新流通ビジョン」(経産省)発表→チェーンストアを無視、40年前に後退
2008	20	・住宅サブプライムローンの焦付きから米金融大手リーマンブラザーズ破綻、世界的大不況始まる
2009	21	・SB、PB開発による低価格化作戦ブーム化

の売価で何千店もの直営店に供給したのである。店舗は当初、いずれも三〇坪ぐらいの小さいものだったが、商品は一品目大量廉価主義で、製品生産と流通の分野をつなげた大システム革命を創造したのだ。

これら海外の事情は、わが国で早くも、一九一七年（大正六年）に早稲田大学円城寺良、一九一九年（同八年）に経営コンサルタント清水正己が報告論文を発表し、一九三一年（昭和六年）に三越常務比田内蔵司が「米国での小売業におけるチェーン占拠率一八%」と紹介している（誠文堂『百貨店と連鎖店』。なお、アメリカの現況は表I・2-8参照）。

昭和初頭の挫折と再出発

では、当時日本ではどう受け入れられたか。残念ながら、それは薬局や菓子屋、家具屋の領域で、単に店数をふやして売上高規模を拡大する方法とのみ理解された（表I・3-3参照）。ただそれだけのことならば、江戸時代から商家に伝わる家憲や家訓どおりに、二桁の店数になればたちまち管理の限界に到達遭遇して倒産するのである。参考までに、こうした家憲や家訓は「店数は五店あるいは七店までにとどめるよう」に規定していたのだ。

だから、これらはいずれもビッグストアとしての第一関門の年商五〇億円までもいかなかった。そして日支事変（一九三七年勃発）を契機にすべて挫折した。彼らは

表Ⅰ・3-3　日本での多売店の萌芽（昭和初期、カッコ内は戦前の最大店数）

◇ボランタリー・チェーン型		◇レギュラー・チェーン型	
・有田ドラッグ	438店	・いろは（牛肉鍋）	50店（？）
・銀座木村屋総本店	140店	・マルキ号（パン）	48店
・星製薬	85店	・カフェパウリスタ（コーヒー、ドーナツ）	19店
		・米津風月堂	15店
		・いずみや（服地）	14店
		・丸屋商事→丸善	（13店）
		・明治屋（食品）	（11店）
		・森永ベルトライン→森永キャンディーストア	（4,000店？）
		・高島屋均一店→高島屋ストア	（57店）
			etc.

「チェーンストア」づくりというスローガンを唱えたとしても、それによって人々のくらしを変えていくべきだという、社会変革の志はなかったのである。したがって新しい経営システム構築には無関心であった。

とうとうと流れる第一次産業革命がもたらした必然的な悪の潮流に対抗するには、それを上回る精神と技術と時間とで新しいシステムを準備する必要があったのである。

そのたくましき志を第二次大戦後の一九五〇年代から主唱したのが、わが恩師、『商業界』主幹の故倉本長治、公開経営指導協会理事長の故喜多村実であった。

まず江戸時代から町民たちの間で語り伝えられてきた商人道を、現実の業務の形でのろしをあげたのだ。それが、一九五五年（昭和三十年）から始まった〝主婦の店〟運動である。両氏の指導でこの主婦の店、すなわち小型のスーパーマーケットづくりは燎原の火として九州・四国・近畿・東海地方と、まず西日本で拡大した。

しかし、営業形態と計数管理とはたしかに新しい武器であったし、「店は客のためにある」との精神はしっかりとしていたものの、ビッグ・ビジネス化していく方策はまだ大きく欠落していたのである。その基盤づくりの肝要さについてすでに気づいていた両師の助言をもとに構築し直し、再出発を図ろうとしたのが、私が主宰するペガサスクラブの運動であった（193ページ参照）。

小売業と飲食店の零細性と寡占化の進行

わが国の小売業とフード・サービス業（政府統計では飲食店と表現）とは、零細といわれてきた。表Ⅰ・3-4をご覧いただくと、生業（家族だけが従業員、パパママ・ストア）と家業（一家の利益だけを考える）経営が大部分である。

しかしそれは世界中がそうなのであって、決して日本だけの特色ではない（日本の識者がそれを日本経済の特色と思い込んでいるのは、根本的に間違っている）。経産省新流通産業研究会は、二〇〇七年発表の「生活づくり産業へと進化する我が国小売業」でも零細企業の割合が高いと述べているが、これは現時点での特色として正しくない。私どもが毎年発行している「ビッグストア基本統計」の二〇一四年版（表Ⅰ・3-5）によれば、ビッグストア九一二社の小売業総売上高占拠率はすでに五一％を突破している。つまり、日本の商業は寡占化が進み、欧米並みになってきているのだ。

家業のほか企業化と表現された分類項目に属する企業は、労働生産性と商品調達力、店舗改廃力の三点の関所を通り越せそうもないのがほとんどだから、一九九〇

表Ⅰ・3-4　企業数規模別統計

種　類	従業者規模	小売業（2007/6）		食堂業（2006/10）	
		実数（万社）	%	実数（万社）	%
生　業	1～4人	18	88	23.9	75
家　業	5～19人			7.6	24
企業化	20～99人	2	11	0.4	1
事業化	100人以上	0.3	1	0.01	0.03
合　計		20	100	32	100

〔資料〕 小売業は経産省「商業統計」、食堂業は総務省「事業所・企業統計調査」より日本リテイリングセンター作成

表Ⅰ・3-5　ビッグストア（年商50億円以上）統計

単位・社

フォーマット		百貨店	チェーンストア志向企業　レギュラーチェーン（FCを含まず）												チェーンストア計	合計	フランチャイズチェーン
			総合セルフ										専門店				
			日本型スーパーストア	衣料スーパー	バラエティストア（ワン・プライス・ストア含む）	ドラッグストア	スーパーマーケット	コンビニエンスストア	ホームセンター	オートセンター	総合・ディスカウント	生協	食品・酒類	非食品			コンビニエンスストア
社数年度変化	1960年 昭和35年	20	0										1		1	21	／
	2013年 平成25年	67	18	7	9	56	329	30	49	8	14	69	30	226	845	912	5
													256				
総売上高中の占拠率（%）		5.8	6.0	0.6	0.7	4.3	13.4	0.8	3.0	0.4	1.4	2.3	0.7	11.7	45.3	51.1	7.8
													12.4				
																58.9	

〔資料〕 2013年決算時・日本リテイリングセンター調べ

表Ⅰ・3-6　フードサービス業（給食を含む）

	売上高100億円以上	店数100店以上
フランチャイジーを含む	134社	143社

〔資料〕『日経MJ』2013年5月22日付

年代後半からこの二分類に属する数字は急減しはじめている。大部分は倒産四散するか、生業経営に転落し（既存商店街や駅前・駅裏のお店の大部分が、この過程をすでに進行中だ）、ごく一部だけが事業化の領域にはい上がりつつある。

統計上の「企業」と「事業」で二万余社で、このわずか一二％だけがビジネスになっているが、前向きはこのうち四、〇〇〇社ほど。さらに百貨店志向が約五％、そして、一、〇〇〇社ほどがチェーンストア志向組であろう（その約半数が、私の主宰しているチェーン化経営研究団体のペガサスクラブに加盟している）。

だから、本書で問題にしているチェーンストア産業づくりに関係してくるのは、小売業ではこの一、〇〇〇社であり、フード・サービス業では二〇〇社程度と推定される（表Ⅰ・3－6参照）。では、他はまったく無関係かといえばそうではなくて、増資や合併でチェーン化への軌道に乗ってきたり、あるいは転業でチェーンストア産業に隣接した周辺産業になったり、あるいはチェーンストアのシステムをまねしたボランタリー・チェーン（12ページ参照）やフランチャイズ・チェーンになったりするわけである。

3　豊かさの意味のとり違え

そこで商業の任務について述べる前に、現在の日本のくらしについての認識の間違いを正しておかねばならないと思う。

わが国は文明国である。経済大国でもある。それは大部分の分野で断言できることだ。政治、行政、基本的人権、学校教育制度、福祉、アカデミズム、そして材料製造業のほとんどと一部消費財製品製造業の生産技術などは、世界でA級またはAA級である。

私はかつて学生時代に全国的な学生組織の中枢にいたし、大学卒業後の就職先は全国紙で、それも当初はキャンペーン記者だったので、これらの分野におけるマイナス面は十分に知悉しており、それだけに日本のこれらの各分野が完全だとは、決して思っていない。まだまだ欠陥が摘発され、是正され、改革されるべき懸案事項は、あまた存在している。

けれどもこれを国際的に比較すれば、どれだけ弱点があるにせよ、総合的にはやはりA級の文明水準にあると言わざるをえない。

といって、〝成熟〟社会とか、〝飽食〟時代になっていると考えるのは根本的に間違っている。識者の多くが日本は〝くらし〟まで豊かになったと錯覚しているが、それはとんでもない無知による錯覚である。日本人の大衆の日常生活、つまりくらしの内容は、まことにみじめで貧しいのである。

豊かさと貧しさの違い

ズバリ言えば、消費財、とくに日常の商品はほとんどがモデレート・プライス（製造コストを積み上げ、かけ値幅の大きい中級売価）である。

たとえば衣食住の品は、それぞれ〝よそいき〟、〝気どったとき〟、あるいは〝お客さま向け〟に関心が集中している。生活のさいに大部分の時間を占める最も頻度の高い大衆の日常のくらしという目的のための商品、とくに、そのための使い心地や楽しさは全然顧みられていない。

一点豪華で夢を追うライフスタイル（思考と行動とを含めた生活様式）が一般的で、このために世界でも稀有な高級品・趣味品志向が続いている社会なのだ。

結局、商品の大部分は多目的・多用途兼用型で、それだけに小売価格が高いから使い捨てができない。さりとて使うわけでもないので保管し続け、ことあるごとに〝お古〟を利用したがることになる。

もちろん、衣も食も住も、およそコーディネーション（いくつかの商品を組合せ、調和させて使うこと）が無視され、他方、カジュアル（気軽な）といえばだらしなさにしかならない。材料製造業の国産素材の生産対策の延長上に日本的ファッションが販促され、世界の傾向とは食い違いつづけている。しかも、ホット・ファッションはまことに高価である。

しかし決定的な間違いは、〝豊かさ〟の意味と受けとめ方である。アメリカに初めて行った視察者は、当初は必ず、「アメリカのお店の品揃えは貧弱だ」と見るものである。チェーンストア産業が一世紀以上もかけて営々と積み上げてきた、くらしの豊かさが、地球上ではじめて最高に実現されているというのに。

それは商品部門数は多いが、品目数、売価の種類は少数であることをさしている。とくに目立つのは、スタイル種類と色数の少なさであろう。これこそ実は本当の豊かさの象徴なのだ。迷わず、選びやすく、楽しい買物ができるからだ。

逆にいえば、日本ではそれらの数の多いことが自慢なのだ。これを、国際的には〝よろず屋〟と悪口をいう。いろいろあるように見えるけれども、買うのに決めかねて時間がかかる上に、いざ使うとなったら互いにコーディネートせず、まったく使いものにならないというわけだ。

つまり、日本の現状では日常用品をTPOSごとに使いわけできず、ふだんのライフスタイルの種類はあまりにも少ないのだ。

本当の豊かさの一〇条件

アメリカのチェーンストアは品種数は多いが、ほかは絞られている。TPOSごとに必要な品種はコーディネートしてそろえられ、当然に売価はプライス・ポイント（値ごろ）に集中し、スタイルと色数はホット・ファッションばかりだから、その数は少なくなるのである。そしてスタイルと色数が少ないからコーディネートもできるのである。迷わない、不安も起らない、楽しい買物となる。

つまり、

① 用途（TPOS）ごとに、
② 同時に使うときに必要な品種は、すべてそこにそろっており、
③ 品質（機能）は、使う（食べる）側にとって便利で楽しいことに限定し、
④ だれもが（正しくは大部分の人々が）、
⑤ 手ごろに買えて、
⑥ 安心して、
⑦ 気軽に、
⑧ 楽しく、快く、
使い（食べ）わけられ、しかも、
⑨ 全国どこでも、
⑩ 毎日のように（日常）、

その豊かさが味わえる、という一〇条件のあるとき、これを現代における〝くらし〟の〝豊かさ〟という。

日本がそうなっていないのは、作る立場・売る立場の尺度でいつも生産者によって一方的に決められてきたからであり、本物のチェーンストア産業がまだ築造されていないためである。

4　だから〝くらし〟革命

だから、われわれは日本人の〝くらし〟について革命を起こしたいと願う。めざすものは、日本国民にとってまだかなえられていない生活のニーズの充足なのである。ニーズ商品とは、ほとんどの人々が日常に消費し続ける必需品のことである。

悪いことに、日本人はくらしがみじめで貧しいのに、反対に豊かになったと錯覚さえしているのだ。逆にみれば、この点についてだけは国民のウォンツを否定しなければならないのである。ウォンツ商品とは、なくてもすませられるが、あればより便利で、楽しい、味わいが深くなるものをいう。

アメリカでいうマーケティングは、ウォンツを乗り越え、ニーズまでも問題にするのに、日本でいわれるマーケティングはウォンツしか対象にしていない。いや、現実はその国民大衆のウォンツすらも、生産者側のウォンツの軌道上でしか実現しようとはしていないのである。

こうした無自覚、狎《な》らされた常識を否定することが、われわれがめざす流通革命の出発点である。同時に、革命行動の軌跡が、生産、とくに製品生産の仕組みの変更にまで及んだとき、初めて効果を出すことができるのだ。

といっても、この革命は決して生産と流通との勢力争いではない。小売業やフード・サービス業が生産者を下請けにしてしまおうとするものでもない。両者は、国民大衆にとって並列すべき経済機構だと考える。

一つはウォンツとニーズの情報発信者であり、他は生産技術の提供者である。両者が対等に経済的分業の形をとれるとき、そのための努力をマーチャンダイジングと総称し、日本国民大衆のくらしは現代文明への場へと移動するのである。

われわれが真っ向から否定するのは、生産者側の作る立場からの、とくに材料製造業の〝川上〟思想によるゴリ押しである。

生きざまとしてのチェーンストアづくり

けれども、流通革命は議論だけでは実現しない。それは、社会的な運動にまで高揚されなければならぬ。

そのためには、次の三条件が必要なのである。

①　ビッグストアづくりで、資産と人材を準備

②　標準化された店舗の多店化

③　同志企業が数百社にふえる

それは、半世紀以上の年月がかかる長い険しい革命への道程である。しかし、この軌道上で自分自身の誠実な努力を継続できれば、「他の人々が少しずつでも、より幸福になっていくことが確認できる」。これをチェーンストアづくりの〝生きがい〟というのだ。

さらに、「日本の国家や国民の最も立ち後れた分野、国民生活最大の恥部を、自分自身の努力で少しずつでも二十一世紀型へと向上させていける」こと、これが二番目の〝生きがい〟である。

この二つの生きがいを人生のビジョンにできるとき、その生きざまをロマンチシズムといい、その人をロマンチストという。

これまでの小売業やフード・サービス業には、生きがいもやりがいもない。それを、あたかもあるようにいうのは詭弁である。

チェーンストア産業づくりという、この長い険しい挑戦に、二度と繰り返せない貴重なわが人生をかけて悔いない人々、そうした真のロマンチストたちの、地味で

誠実な継続的努力によってのみ、日本のチェーンストア産業は築造されていくのだ。

私はこの人たちを同志と呼び、「われわれ」と表現したいのだ。

5　貧しさの事例

わが国の国民大衆にとって、くらしは決して豊かなのではない。二十一世紀初頭の国際文明水準からみれば、まだまだ貧しいのだと述べてきた。

その現状認識こそ、今日わが国にチェーンストア経営システムが必要な根拠であり、チェーンストア企業群が産業化されるべき理由である、とも説いた。

チェーンストア経営の経営理念も、その産業化へのビジョンも、そこが出発点であり、それゆえに熱情的なロマンチシズムの対象なのだ、と私は主張した。

もう一歩具体的に、ここでその貧しさを証明してみたい。逆にいえば、一九八〇年代からのわが国は、経済大国になったように見えるが、それは見せかけの豊かさで、成熟時代という流行語に酔い痴れるときではないことを、実例で説明してみようと思うのである。

ここで展開する例証は、一部はすでに克服されはじめている。チェーンストア志向（まだ実力と実態は本物ではないから、あえて私はこう名づけるのであるが。11ページ参照）の企業が、ストア・ブランドあるいはプライベート・ブランドの形で開発の橋頭堡をつくりかけているからである。でもそれは、まだほんの一部の分野にすぎない。大部分はまだ改革や改善すら実現されていないし、製造業界として緒につくのはいつのことか、見当もつかないものである。

別の面から言及すれば、ここでの証明は当初奇異に感じる方が少なくないであろう。あまりにも、日本での常識からかけ離れている考え方が多いからである。しかし欧米のチェーンストアが現実に提供している商品を直接試用（試食）していただけば、私どもの意図は理解できるはずである。あるいは、くらしという場で考究していただくだけでも、納得できることではないかと自負するのである。

つまりチェーンストア産業は、この状態を変えようとするものである。

(A) 国際ブランドの事例

① 国際ブランド狂信者が多い。〔猫も杓子もである。中には毎月の給料やバイト代を普段の生活とはかけはなれた、ブランド物を買うために、すべて費やしているというチグハグな生活の例も〕

② グッチ、あるいはシャネルとエルメスとサンローランとフェラガモとロベル

タを同時に身につけて平気。〔欧米ではTPOSとルックごとのコーディネートを重視する〕

③ 国際ブランド高級品の定価制が維持され、同時に数年前のデザインも割引値で売られ、買われている。

④ ルイ・ヴィトンのバッグを持って大《だい》シャンデリアのある会場でのパーティに行く。〔このブランドは本来、旅行用品である。日本では、高いものはなんでも〃よそいき〃という考え方が定着しているからだ〕

⑤ 日本で、本国のパリやローマやミラノよりもよく売れている。

⑥ しかし主に買われているのは皮革製品店で布製品を、宝石店で皮製品なのだ。〔これはとにかくブランド名のついた品が一つだけほしいというわけで、売価の低いものを選ぶからである。〕

⑦ 国際的なデザイナー・ブランドの大量生産品（プレタポルテ）が欧米の二倍の売価。〔百貨店にあるデザイナー・コーナーは、世界をリードするファッション・リーダー・ショップのトレンド商品よりも高いものが多い〕

⑧ 最近、アメリカでも少数民族の間で国際ブランドがもてはやされている。〔彼らの多くは、閉鎖社会の中で生活しており、ふだんのくらしを豊かにする方法を知らず、虚勢をはるためだけに買っているとされている。もちろん、コーディ

ネートはしていない〕

(B) 食品の事例

① トレーサビリティ（生産者・生産地明示）と原材料名表示主義で、健康に関する数字情報が少ない。〔欧米では、減塩・減カロリー・減脂肪食品が主力になり、そのための情報が表示されている〕

② パン売場はパンが用途別につくられず、菓子パンが主力である。

③ 小麦粉の用途別調合例は、少ない。〔おいしい本物のパンケーキもマフィンもまだ僅か〕

④ パン売場に焼きたての香りがない。〔工場生産品でも香りのしないパンは、欧米ではまったく売れないのに〕

⑤ 主食パンは、全体に甘口。〔いっしょに食べるもの、サンドイッチとしてはさむものと調和した、味と香りが重要なのだ〕

⑥ ペイストリーは甘くて高脂肪の菓子になっている。〔本来は軽い朝食用かスナック用で、香りと歯ざわりが魅力なのに〕

⑦ 青果は促成と抑制栽培品主力で、旬《しゅん》の品はとても少ない。〔欧米では青果こそＰＢ開発されていて、旬の品が安くておいしい〕

⑧　青果は姿のよさと大きさで評価され、最も価値を左右する味と完熟度と鮮度の三点は軽視されている。〔産地の設備は、日本では形状選別機が中心で、小売店までのコールド・チェーン（冷蔵継続制度）がない〕〔味と完熟度と鮮度が差別化の決め手である〕

⑨　すでに香りのなくなった葉菜を、店後方の蘇生室と売場の冷蔵ケースで見ばえだけで鮮度をごまかして売っている。〔収穫直後四時間以内に摂氏四度まで急速冷却し、プラスマイナス二度未満の温度帯を維持できれば風味（本当のおいしさ）が保たれておいしい〕

⑩　レタスは水っぽいだけ。〔アメリカでは Crisp といい、せんべいを食べているように音がして、しかも畑で収穫直後と同じようによい香りがして甘い〕

⑪　ニンジンは味がわずかしかない。〔本当はナマで食べても、甘くておいしいもの〕

⑫　キュウリは濃緑色で色はよいが、風味がない。〔欧米では、皮は固いが、味が濃く、香り高く、何もつけなくてもうまい〕

⑬　トマトは糖度だけが上質の証明になっている。〔調味料としてのさまざまな品種が必要〕

⑭　リンゴは大きく美しいが、甘いだけ。しかも値段がアメリカの数倍もする。〔欧

米では、小さいが香りも味もよく、甘味と酸味と食感の異なる品種多数、だから さまざまな用途に使える〕

⑮　ミカンは大きく肌が美しく皮をむきやすいが、味と香りが薄い。〔本来のミカンは、外見がザラザラで斑点もあり、皮もむきにくいが、中身はベトつくほどに糖度が高く甘く、しかも皮をむいたとたんに香りが周囲に漂うものだ〕

⑯　ブドウやスイカは種子がないが、甘いだけ。〔欧米では、果物特有の酸味と香りが十分にある〕

⑰　牛肉は霜ふりが最上とされているが、牛肉そのもののフレーバーは重視されない。また脂肪含有率が高くて、たまに食べるには珍味だが、日常では非健康食となってしまう。〔本来、赤身でないとフレーバーはないし、良い肉の定義が他国とは違っている〕

⑱　豚肉は半分も脂肪分をつけて売り、かつ食べられている。〔本来、ピンク色部分が多く脂肪分を少なくして売られ、食べられるべきものである〕

⑲　挽き肉は脂肪分をふやして、売価を下げている。しかも、牛と豚とを混ぜてごまかしている。〔欧米では脂肪分の含有率を表示して、脂肪分の少ないことを誇示し、その割合で売価も異なる〕

⑳　牛乳は高脂肪が良いとされている。〔アメリカでは健康志向が強いので脂肪

二%や一%が主流〕〔⑲と同〕
㉑ 水産物は、高価な刺身と輸入品と高級魚の養殖主力になりつつある。
㉒ ミックス・スパイスと味つけソースの種類が、少ない。〔素人料理をうまくする魔法の杖なのに〕
㉓ ポテトチップスやクラッカーは売っているが、Dip は売っていない。〔Dip をつけてこそ大人の食物となる〕
㉔ 新製品の大部分は、若者向けインスタント食品である。〔家庭ごとに最後の味つけをするコンビニエンス食品が主力になるべきなのだ〕
㉕ マヨネーズは日本だけが卵の黄味を主材料としていて黄色く、サラダドレッシング代りに使っている。〔欧米では白色状で、主にサンドイッチ用に使われる〕
㉖ トマト製品の主力はケチャップである。〔他国では、トマトを材料に使ったミックス・グローサリーが多い〕
㉗ 素材を活かした生ジュースの種類が少ない。〔欧米では、主力商品の一つなのに〕

(C) 住居用品の事例

① そもそもトータル・コーディネートした商品を売っている店がなく、あって

もその店の価格はベラボウに高く、そのため雑貨屋だけが大繁盛。〔欧米では商品ごとにまちまちの色を付けるなどありえない〕

②品種間で色がまるっきりコーディネートしない。

③気軽に模様替えができない。〔気軽に買える価格で、コーディネートできること〕

④ウォールカバリングの材質の種類が少なすぎる。〔面積が大きいから特に重要〕

⑤天井取付けの直接照明のみが部屋照明。〔家庭の部屋照明は、間接型で暖かさと和やかさを演出するもの〕

⑥台所や居間の収納が、空間の一部しか使えない。日本にはそうした治具〔jig〕がない。〔何を収納するものかを前提として、収納方法と用品を決めるのだ〕

⑦ちょっとした傷、色落ち、隙間ばなれなどを、家庭で主婦が直せる材料がほとんどない。〔アメリカのDSで主流の商品なのに〕

⑧大工や左官や、内装、水回り、外回り工事などを安直に施工してくれるところがない。〔欧米では商品を扱ってる店に施工サービス部門があり、施工料金はアフォーダブルだ〕

⑨室内用の生植物が高価で、栽培もしにくい。〔欧米では素人でも育成しやす

い生植物と簡単に使える道具がある〕
⑩　シーツとタオルを、中元と歳暮などギフトにする。〔欧米では、これらこそコーディネートした品を主婦が選ぶのが常識〕
⑪　住居用品の部品売りがない。〔アメリカのホームセンターにはプラモデルの部品のような半製品が多種類ある〕
⑫　毎月あるいは毎年少しずつ支出してホーム・ファニシングのトータル・コーディネートをしていけるような、シリーズ品揃え継続の店がない。〔欧米の小売業では常識なのに〕
⑬　室内繊維品は、大型の花柄と縞模様と汚れの目立たない色が主力。〔部分ではなく全体の調和が重要〕
⑭　茶碗や湯呑みや中皿がこわれたとき、追加がきかない。〔ベーシックアイテムは継続販売が不可欠〕
⑮　食器用ふきんが、薄くて小型ばかり。〔使用目的ごとに必要とする品質は異なる〕
⑯　洗濯機は普及しても毛布や蒲団は洗えず、乾燥機の大型は普及していない。〔欧米にはある〕
⑰　家電のデザインは目立つものばかり。他の住居内装や家具と合わず、チグハ

グ。〔欧米では、無地主力でホームファニシング・カラーとマッチする〕

⑱ こたつ関連商品が、いぜん冬季設備の王座になっている。〔空調こそ住居電化の主流なのに〕

⑲ 文具・雑貨や室内アクセサリーにキャラクターものやファンシー・グッズが多い。〔欧米では、無地が主流で他とのコーディネートをするものだけ〕

⑳ 自動車用品はアクセサリー主流。〔欧米のカー用品売場の主力は車の掃除用品だ〕

(D) **服飾品の事例**

① 人口の過半数が中年なのに若者サイズしかなく、中年向けサイズがまったくない。

② 伝統衣裳の着物が、絹が最良という迷信からふだん用に使えない。〔イージーケアでない限り、伝統ある品も廃れる〕

③ 普段用の衣料が紳士もの、婦人もの、子供もの、ベビーものとも、品種が不足。〔欧米では主力商品部門だから品種数と陳列量が多い。従って売場が広い〕

④ 毎日ＴＰＯＳに応じて着替える品種がない。〔朝食時、化粧時、部屋掃除時、洗濯時、庭掃除時、スーパーにちょっと買物に行く時、家族団らん時、夫婦だ

けの深夜時〕

⑤　男性の部屋着は、ジョギングウェアかパジャマか下着となる。〔③と同じ〕

⑥　四十歳以上の女性ものは、高価なよそいきか暗い色柄ばかり。〔熟年こそ普段着を楽しみたい〕

⑦　エプロン売場が広い。〔欧米ではわずか。アメリカのチェーンにはほとんどない。そのための作業衣がたくさん売られているから〕

⑧　トップとボトムとシューズ（時にバッグやネクタイやスカーフや手袋、ストッキングも）が、互いに無関係な売場で売られている。〔欧米では、色とスタイルがコーディネートしなければ買われないのに〕

⑨　国際的なファッション性は単品種でのみ独走、しかも若者向けのみ。〔老いも若きも、欧米ではファッションを楽しむのに〕

⑩　そのシーズンのファッション・カラーは季節初めに、売場の一割以下ですぐ姿を消してしまう。〔欧米では売場の大半がファッション・カラーで埋まっている〕

⑪　もともと衣料が高すぎるから、単品買いになる。〔アメリカでは、婦人ものの上下で計三五ドル（四、〇〇〇円弱）までで七割が買われている。一度に上下そろえて、あるいは同時に着る品種をコーディネートして買えるわけ〕

⑫ 外衣は触感で、下着は見ばえで買われている。〔欧米では外衣は見ばえ（形や色や組合せ方）で、下着は着心地（よくおおう、体に締めつけた跡が残らない）と、洗濯しても形が変わったり、すり切れないことが品質条件になっている〕
⑬ クリーニングに出す天然繊維がよい品とされている。〔欧米では、自宅の洗濯機と乾燥機にかからないものは品質レベルが低いとされる〕
⑭ 裏地つきがよいという。〔⑬と同じ〕
⑮ 縫製がよいという。〔ファッションは長もちさせる必要がない。それより安いほうが優先〕
⑯ 使わない衣料をだれもがいっぱい持っている。流行が過ぎたので着られないが、高価だったから捨てられない。〔⑮と同じ〕
⑰ ウールとシルクと木綿と牛皮がベスト、とされている。〔欧米にはない慣習、しかもそれは普段用には劣質なことが多いのに〕
⑱ 国産の原糸を主力素材にしているので高くつき、スタイルとルックが限られてしまう。〔欧米では、世界中の素材を使う〕

(E) 化粧品の事例

① 使いやすいコロンが少ない。〔欧米では、香水よりも普段用に、これをもっ

ぱら使う〕
②　メークアップ品が高い。〔欧米では、女性はいっぱい持っていて、TPOSで使いわけている〕
③　化粧品ブランドのものは何でも一個三、〇〇〇円以上が主流である。〔アメリカの値ごろは三〜六ドルである〕
④　高価で種類が少ないため、中年になるとお出かけのときしか使わなくなり、普段はあきらめてしまう。〔ポピュラー・プライスなら客層が広がり、購買頻度がふえる〕
⑤　欧米ではポピュラー・プライスで普及している化粧品ブランドのレブロンやマックスファクターが、日本では高級品になっている。〔④と同じ〕

日本女性の哀しさ

今度は、わが国の女性がどんな一生を過ごすのかを考えてみよう。

まず独身時代はブランド品を買い、ボーナスを貯めては外国旅行へと、言葉だけでいえば〝独身貴族〟だ。しかし実は服飾品は気どったお出かけ用ばかりで、そのくせ相互にはチグハグ。一方、外国ツアーではTシャツとジーパンのだらしない服装をどこに行くにも押し通している。せっかくのおしゃれのTPOSを楽しめるチャンスを逸している。帰宅すれば雑然と色とりどりの物置のような個室で、だれも見ていなければパジャマだけの衣生活。

ＯＬ一人当りで七〇着を超す洋服を保管しているのは、買った時に高価でまだまだ長もちするからもったいなくて捨てられないからだ。さりとて数年前のものはいかにも時流からずれて二度と着られない。収納具が中途半端だから、いったんしまったら出して使いわけるのがめんどうで、いつもその場しのぎの着たきり雀で、同じ靴を履きつぶすだけ。

結婚直前には新居が狭いのはわかっているのに、膨大な容積の家具・家電を買い込んで、居場所がなく、結局は持て余してしまう。

一生に一度の最高の新婚旅行は他人と一緒のパック旅行だ。服装はスーパー・カジュアルで、ういういしい新鮮さもない。

結婚後は自分の物が買えない。子供の塾だ、住宅ローンだで、衣料はいつもバーゲンものでごまかしつづける。新しいのは、派手なエプロンばかり。化粧品も高価すぎて、おしゃれからは縁遠くなり、小じわと中年ぶとりが加わって一挙に老け込みはじめる。

買物は遠くて不便だし、ようやく出かけても、価格差ばかりあって品質に決定的な違いが見い出せないことが不安で、品決めに手間どるばかり。

目先を変えようと、スリッパとクッションと電気スタンドの笠のデザインを統一しようとしても、ますますまとまらない。気をとりなおして、新素材の室内アクセサリーや、ライトブルーやピンクやクリーム色の家庭用品を置いてみても、それだけが目立って、かえって室内すべてがゴミタメ状態に見えてしまう。ふと気がつくと、直接照明の白々とした灯りと、さまざまな色が入り混じり、部屋全体が雑然としたムードに。

家庭用に売られている品物のほとんどは万能・多目的で、どの限定された用途にも不完全な、見てくれだけが立派な商品。修理品も清掃品も後始末用品も不完全で、結局は自分のハードな肉体労働でカバーしなければならない。

文明の利器だったはずの電気製品だったが、洗濯は早くても乾燥には時間がかかって、赤ちゃんでもいればもう室内が物干場。食事は味けない野菜とどこにでも売っているナショナルブランドのグローサリーだから加工してもおいしくない。一方では高額のデパ地下惣菜。そのいずれかが主流となって、「こんなにうまくて安くて」という幸せ気分にはめったになれない。

買物と家族旅行とは家族のための義務であって、喜びと楽しみの場ではなくなっている。旅行用の服や持ち物を気軽に楽しく買い揃えられる状態にはなっていないからだ。

中年になれば、体に合うのは高級高額服だけ。ちょっと手ごろだと思う値段だと、いかにも地味な年寄り風のしけた洋服ばかりなのだ。流行のカルチャーセンター（文化教室）やスポーツクラブにも顔を出してはみたが、わが家に帰ってみると何も変わっていない。

世の中とはこんなものかと半ばあきらめ、それでも家電の種類だけは多いから、昔と比べればどれほど文明的かなとムリに自己弁明して、夢は子供の将来にかける。

そしてついに、欧米で実現されている豊かな日常の〝くらし〟を知らないままに、文明人になったつもりでこの世にさよならとなる。

なんと哀れなことか。それは、その女性の罪ではない。もちろん、男性だってよく似たものなのだ。

6　貧しさの克服

以上は、欧米のくらしと比較してみればすぐ判明する、日常茶飯時における相違点である。いずれも一つひとつは瑣末なことと見えるけれども、それらに通じる共通の欠陥は、くらしを一つずつ確実に良くしていくという視点が、わが国にはなかったことを象徴しているのである。

それは〝作る立場〟から〝売り込む〟〝売りつける〟〝ムリして売る〟という間違った努力だけが優先されてきた、生産者優位の経済構造が根本原因なのである。それこそチェーンストア産業のできていない社会での、不可避なえせ現代性なのである。思えば、日本の現状を豊かで成熟していると考えるのは、本当の豊かさを知らされていない、無知によるひとりよがりである。それこそ本当のみじめさではないだろうか。

われわれはチェーンストア産業づくりを通じて、国民大衆のニーズとして人々のくらしを本当に良くしようと努力していくのだが、それは、わが国の消費財提供システムの間違いを直すということである。

この行動をわれわれは真空マーケットへの進出ともいう。それは、毎日のくらしに必要なエブリデイ・グッズをエブリボディ、大衆向きに、便利で気軽で、うまくて潤いがあって調和して、それでいて安いという形で、全国どこででも提供することを意味している。つまり、「チェーンストア」がめざすものなのだ。

一方、これと並行してウォンツを品切れさせず、かつより安く提供しつづけることである。この二点を出発点としたのが、図Ⅰ・3-1のBである。

このうち、真空マーケットとは「使う・買う」立場からの発想である。これを見れば、マーチャンダイジングの方向をチェーンストアはどうたどっていくべきかが、明白になるはずだ。

こうした商品の具体例は、さきの〝貧しさの事例〟の逆を意味しており、『チェーンストア経営の原則と展望』第Ⅰ編第1章「商品」でも説明していることである。

誤ったマーケティングの筋書き

これに対し、まったく逆を行こうとするのが図Ⅰ・3-1のAのストーリー（筋書き）である。つまり、「消費の多様化」と「消費の成熟化」説を出発点とするものだ。日本の〝マーケティング屋〟さんに多い「作る・売る」立場からの発想である。

それは、マス（大量）の否定につながり、「すき間探し」にしかならない。結局は「商業とは、仕掛けでむりして売る」べき運命のものと、間違って規定することになる。

そうした考え方のビジネスは徒労のうえ、収益も悪化し、倒産へと導かれてしまうだろう。チェーンストア志向企業なら絶対に否定する反対の努力方向なのである。

われわれは、「作る」立場からの発想によるストーリーを、「使う」立場からの発想に切り替えようとする。

生活者としてみれば、わが国の商業の現実ははなはだしく不便で、国民のくらしは貧しく、みじめだが、それを克服するための経済力と仕組みづくりとがチェーンストア産業づくりの中身なのである。

もう一度いう。

図Ｉ・３－１　現状認識の違いが引き起こす努力方向の比較

A　ダメな Story〔穴・すき間探し〕◇あの手この手の探索→ムダ・ムラ・ムリ

作る立場・売る立場から　ムリして売る・売りつける・売りこむ

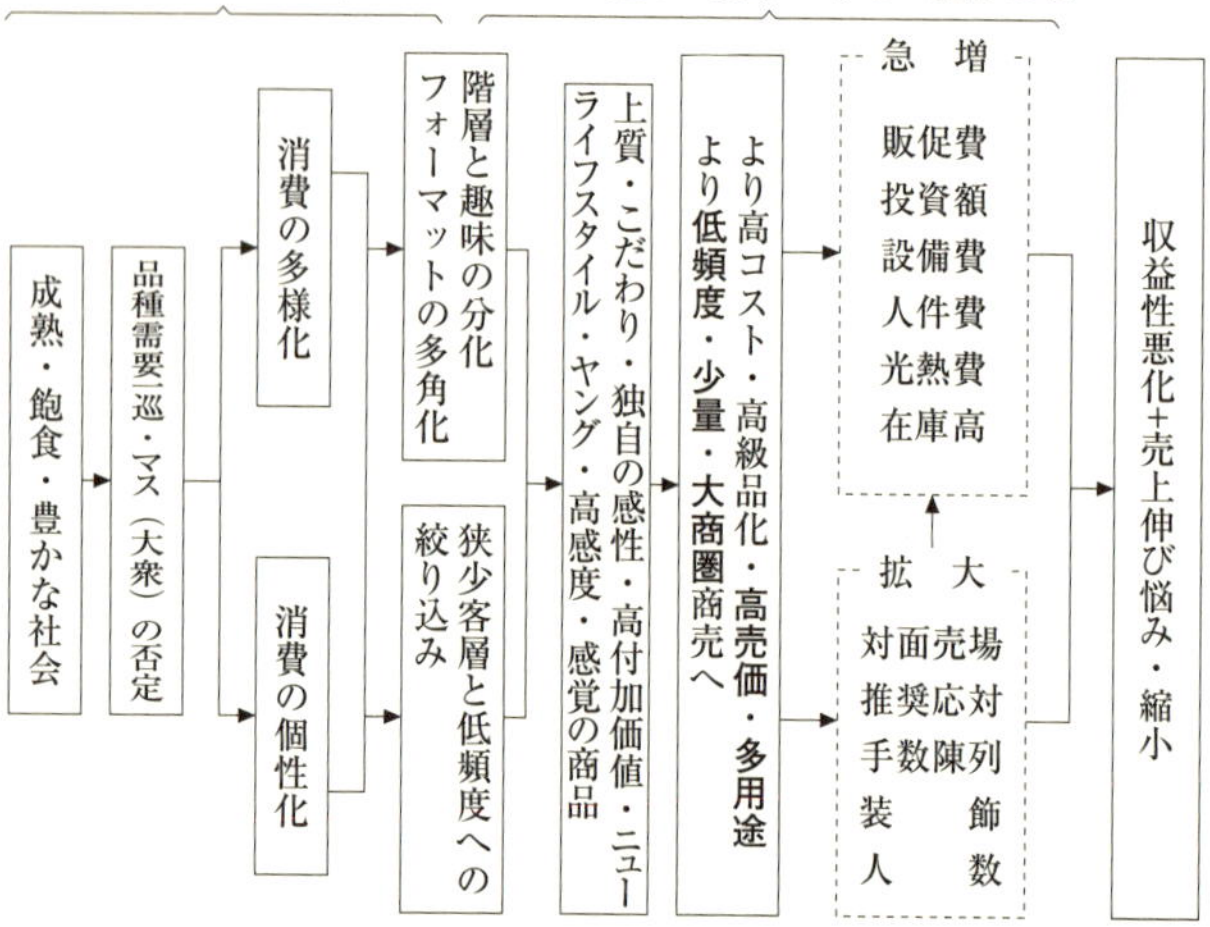

B　あるべき Story〔真空地帯（マーケット）への進出〕

◇商業の原点 Return to Basics→楽に・早く・確実に・たくさんに

→使う立場・買う立場から

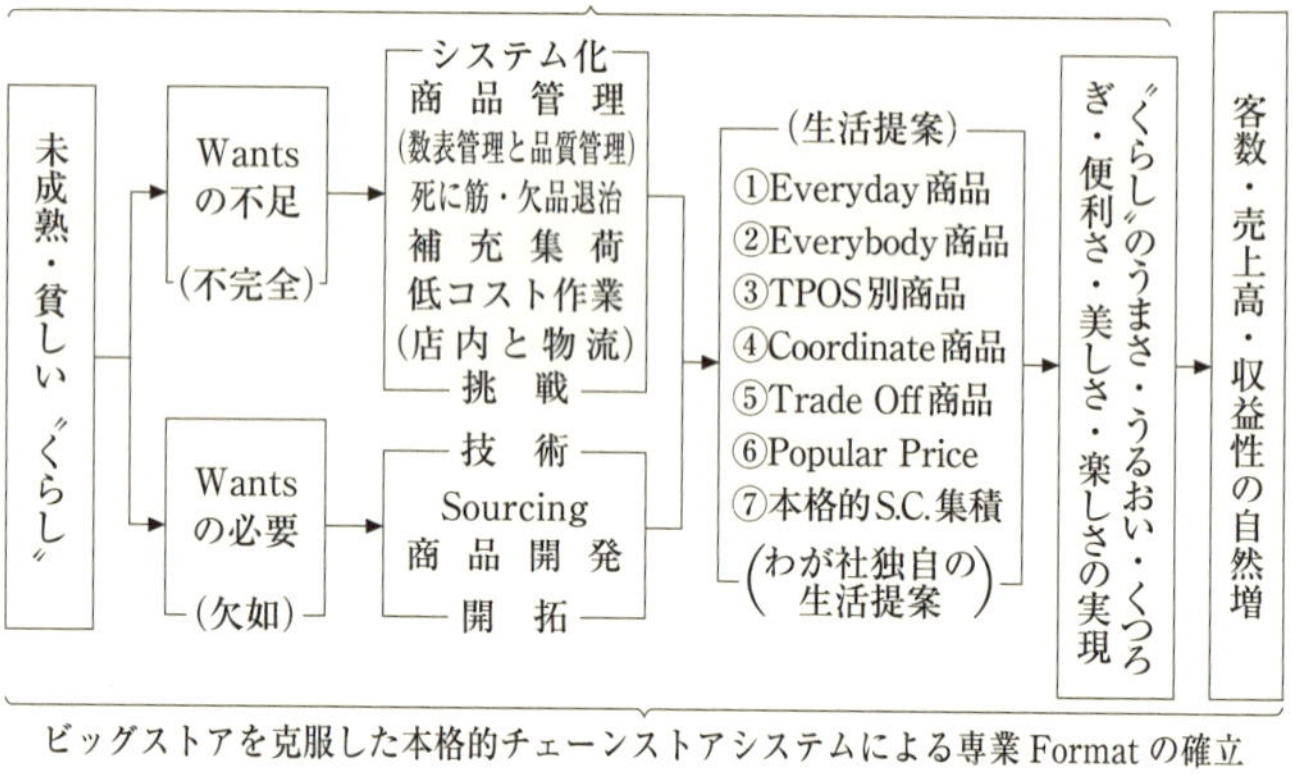

ビッグストアを克服した本格的チェーンストアシステムによる専業 Format の確立

今日、日本の社会が直面する問題は、物の豊かさよりも心の豊かさであるとの説がある。だから、文明よりも文化だという声も高い。

しかし、日常性のあり方こそ最も重大な人間らしい文化の原点ではないのか。古来より「衣食足りて礼節を知る」と言うではないか。日本人の日常の〝くらし〟を見つめれば、一つひとつに欠陥がある。豊かな状態とは決していえない現状なのである。チェーンストア産業づくりこそは、現在最後に残された日本社会の空白、立後れ部分を埋めるための、最終完結型の努力軌道なのである。

7　商業のあるべき任務

商業の歴史は、貨幣の歴史でもある。その貨幣と交換に、モノやコトを提供するのが商業の内容である。

その貨幣が日本に通用しだしたのは、今から一、三〇〇年も前の飛鳥朝時代末期から奈良時代初期にかけてで、「富本銭《ふほんせん》」（鋳造六八三年）、あるいは「和同開珎《かいちん》」（同七〇八年）と呼ばれる通貨が第一号であることはご存知だろう。したがってわが国の商業の歴史は、実に一、三〇〇年以上の長い長い歴史があることになる。

さて、その長い歴史の中でも明治時代までの一、一〇〇年間にわたって、商業はどんな社会的機能を果たしてきたことだろうか。

商業はこの間、人々のくらしに必要なモノを、人々が支払いやすい価格で提供してきている。人々が自身のくらしを、より便利に、より豊かにしたいと思う部分で新製品を創りだし、続けて使いたいと思う部分で提供を継続してきたのだ。

この場合に大事な点は、第一に、モノに関するニーズ（Needs・71ページ参照）と、求められているウォンツ（Wants・71ページ参照）とのいずれもが、情報の発信地は生活をしている人々であり、日常の生活、つまりくらしからであった点だ。決して生産者側が発信地であってはならないのである。

第二に注目すべきことは、商業はそのニーズとウォンツを提供するために、生産者にその情報を取り次いできたことである。言い換えれば商業者が、生産を生産者に依頼していたのだ。だから情報の流れは〔生活者↓商業↓生産者〕となっていた（図Ⅰ・3−2参照）。

その結果、明治までの一、一〇〇年間にわたり、原則として生産は商業の側からの受注生産体制だったのである。

産業革命の偏向

これに対して、明治時代半ばから官民あげて富国強兵、文明開化運動が展開され、日本での第一次産業革命が始まった。

さきにも述べたように、わが国国民の生活は、これによって文明の利器が増加し、それによって中世、近世から近代へと変化した。しかしそれによるマイナス効果もまた、昭和時代に入ってしだいにクローズアップされてきたのである。マイナスとは、工業と商業の社会的機能の逆転である。

詳しく説明してみよう。第一次産業革命の発展はしだいに生産のあり方を、①原料製造業、②材料製造業、③製品製造業の三つのグループに大きく区分してしまう。しかも三つにわかれることで、勢力分布の比重が大きく差をつけてしまうのである。図I・3-3をご覧いただきたい。原料製造業とは、農産物、畜産物、鉱産物などの生産段階であり、動力機械の導入はまず鉱業に集中された。

次の材料製造業は製鉄、紡績、化学工業など素材産業のことであり、動力革命が最も大きく実りをあげた分野である。大資本化大規模化の代表であり、工業という言葉の代名詞にもなってしまった分野である。

ところが、同じ製造業でも三つめの製品製造業は加工種類と段階とが数多いので、大部分は規模が比較的小さく、つねに進歩と改革とが遅れがちとなるものだ。

さて、この三つにわかれた生産勢力は、以前と違ってどれも見込み生産体制だ

図Ⅰ・３－２　江戸時代までの情報とモノの流れ

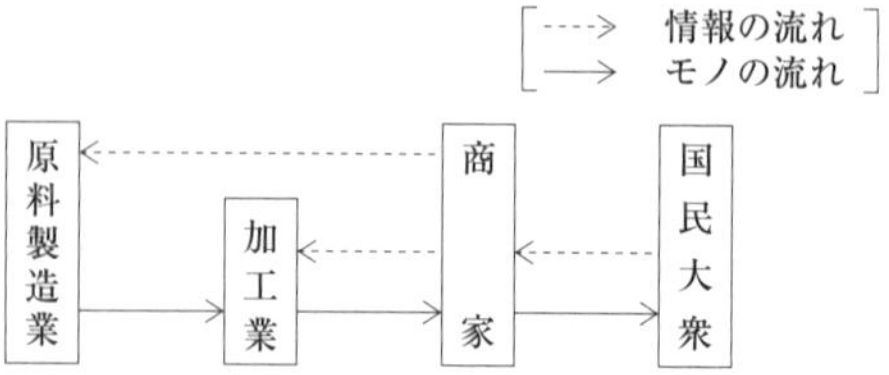

図Ⅰ・３－３　明治から最近までのモノの流れと情報の流れ

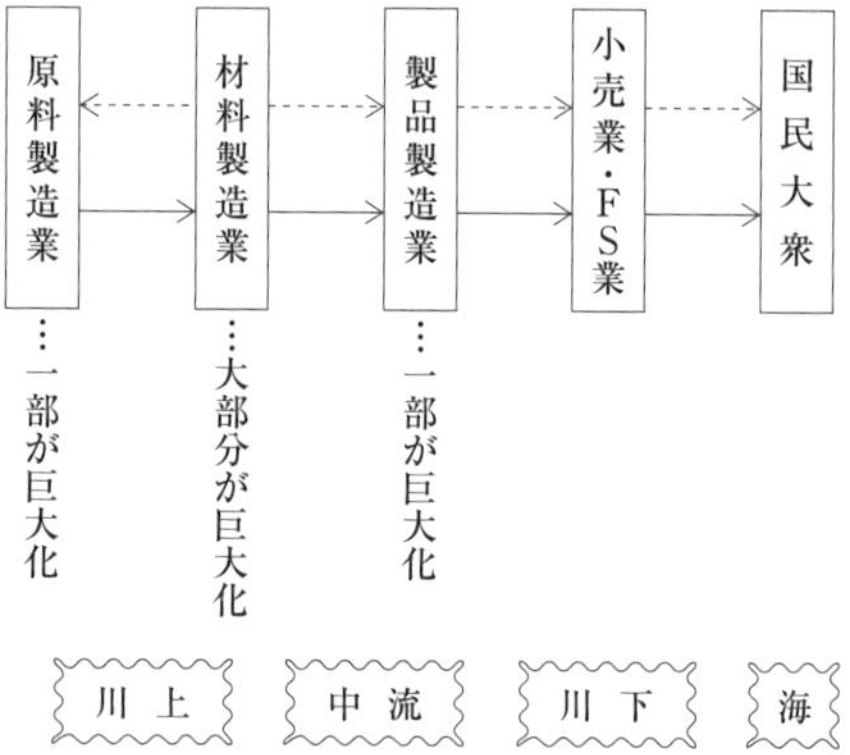

から、互いに生産物の種類やレベルや量と時期とのバランスがとれなくなっていく。

　とくに二番めの材料製造業だけがとてつもなく巨大化していくために、ますますつじつまが合わなくなる。彼らは全生産計画の主導権を握りたいと考え、一方で上流の原料製造業に生産命令を出し、他方では下流の製品製造業に対し生産指示をすることになるわけだ。つまり、製品製造業をも、彼らにとっては流通だとさえ考えたのである。

川上・川下の逆転

この現象が二十世紀に先進国すべてで進行したメーカーの系列化である。その系列化は当然にこれまでの流通分野にも及んで、小売業・フード・サービス業は製品製造業の、いや正しくは材料製造業の指定する軌道上での営業が当然とされ、その下請け配給機構と堕落していくのであった。

商業が人々のくらしを守り育てるという任務を放棄してしまった。人々の、くらしのニーズとウォンツとに基づいて、生産者に対して製品生産を依頼するという、くらしのプロデューサー役をおりてしまったのである。逆にこのプロデューサー役は、人々のくらしからははるかに遠方の、しかも貪欲で巨大な材料製造業と一部の大規模製品製造業の手に移ってしまったのである。

かつては人々のくらし用品を直接提供していたはずの生鮮原料生産者も、材料生産者として〝作る〟側だけの利益追求者へと変貌してしまった。

このために、日本人のくらしは昭和時代に入って、〝作る〟立場から作られた商品をのみ使うことを余儀なくされ、第二次世界大戦もまた材料生産者たちの〝資源ルートを確保する自衛戦争〟という名目で遂行された。

さらに戦後はあらゆる〝民主主義化〟が進んだはずなのに、国民大衆のくらしの分野では戦前の〝作る〟立場がますます猛威をふるい、末端小売価格ですら製造業の一方的指定で拘束される状況にまでなってしまったのである。

国民大衆の日常のくらしを人々のために守り育てるべき生活民主主義だけはおいてけぼりになったのが、日本での民主主義の特色になっているのである。〝使う〟側、〝食べる〟側のニーズとウォンツとに基づいて、商品が計画され提供されるというのが、本来のモノについての情報の流れである。それなのに、生産者が川上にいて流通業者が川下におり、川上から洪水のように流れてくるモノそのものがそのまま情報なのだというのは、それこそ専制君主時代あるいはファシズムの主張なのである。

当然に商業者は立ち上がり、その悪しき体制を打破しなければならないのである。

問屋・卸売業の役割

しかしながら、それは経済の仕組みについての革命であるから、簡単ではない。経済の仕組みは、いかなる国、いかなる時代でも、そうならざるをえなかった必然性がある。その内容や結果にいかにまずいことがあったとしても、トータル・システムと部分システム、そして部分システムどうしは、互いに密接につながりあい、相互に因果関係が綿密にからみ合っている。

その一部分を改善しても、かえって改悪になることさえ起こりうるのである。では、一番の難関はどこなのか。一言でいえば、問屋・卸売業の活動内容だ。

モノが生産され、国民大衆に手渡されるまでには、多くの問屋・卸売業が中間に

表Ⅰ・3‐4　商業センサス

(A)　実数

産業種類		企業数	店　数	従業員数	年　商	推定仕入値
問屋・卸売業	(2007/6)	14 万社	30 万店	320 万人	367 兆円	
小売業		20 万社	98 万店	662 万人	96 兆円	72 兆円
食堂業（2006/10）		32 万社	41 万店	287 万人	－	5 兆円
合　計		66 万社	169 万店	1,269 万人	463 兆円	77 兆円

〔註〕①問屋・卸売業と小売業からは自動車、燃料、建具、畳、農耕用品を除外。②卸売年商からは家具、建具 2.4 兆円を除外。③小売業年商からは、カタログ・通販（3.7 兆円）、訪問販売（4 兆円）を除外。④食堂業からは料亭、酒類主力店を除外。

(B)　1960 年の場合

業　態	年　商	問屋・卸売業からの推定仕入高
問屋・卸売業	17.7 兆円	
小　売　業	4.1 兆円	2.8 兆円
食　堂　業	0.4 兆円	0.16 兆円
合　計	22.2 兆円	3 兆円

(C)　先進国との比較

		単位	日本（2007 年 6 月）	アメリカ（1992 年）	西ドイツ（1986 年）
A	小売年商÷卸売年商	%	26	93	102
B	小売推定仕入高÷卸売年商	%	20	70	76

〔註〕小売推定仕入高は、小売年商× 0.75 とする。
〔資料〕各国商業センサス

介在する。そこで日本人はだれもが、小売業、フード・サービス業のすぐ隣に問屋・卸売業が存在することを知っているので、その部分にたくさんの問屋・卸売業が複雑に重なって、何段階も存在するものと思いやすい。しかし現実はそうではないのだ。

表Ⅰ・3‐4は経産省が定期的に調べている商業センサスであるが、(A)では問屋・卸売業の年間総売上高は三六七兆円だ。これに対して、小売業の仕入高は推定七二兆円、食堂業は推定約五兆円。合計してみても七七兆円にすぎない。ということは、彼らは問屋・卸売業の売上高の約二割分しか買っていない。つまり、日本の問屋・卸売業の売上高は八割強が小売業と食堂業以外向けということになるのである。

この傾向は、一九六〇年（昭和三十五年）でもまったく同じであった。これによって、世にいわれる一九六〇年代から七〇年代にかけて日本に流通革命があったという伝説は、間違いであることがわかる。後述する経済の仕組みの変化もまだ、その時にはまったく起こっていないからである（106〜108ページ参照）。

では、日本の問屋・卸売業にとって残りの八割近くに当たる売上高は、だれに対してのものだったのだろうか。自衛隊向けでもなければ、生協あるいは団地自治会、あるいは問屋の素人売りでもない。実はそのほとんどは製造業向けなのである。

その点こそ、欧米先進国とわが国の経済の仕組みが根本的に違う部分である。表I・3-4の(c)をご覧いただければ、日本の問屋・卸売業に対する納品高が、他国とまるきり違うことが明瞭である。欧米では問屋・卸売業が非小売業向け、すなわち製造業向けに売っている比率は、はるかに低いのである。

暗黒の密林は製品製造業

それはなぜか。ここで、図I・3-5を見てほしいのだ。これは、さきにあげた三つの製造業グループ間に問屋・卸売業が介在することを示している。その点では、欧米もまったく同じなのである。

しかし、製品製造業のところだけは違っている。この製品製造業、言い換えれば

図I・3−5　モノの流れにおける問屋・卸売業の介在

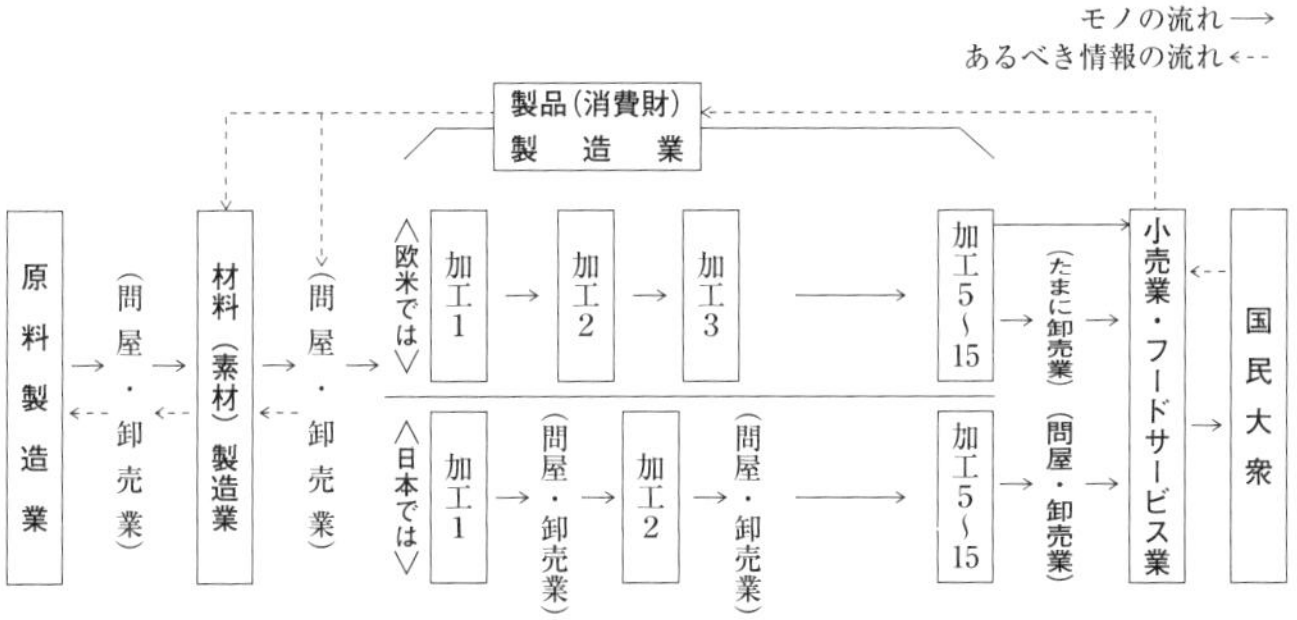

消費財製造業の世界では、加工段階が商品品種によって異なるものの、五段階から一五段階もある。欧米ではその加工段階は1から2へ、そして3へ直結していくのだが、わが国の場合は加工段階1から加工段階2へ行く途中で、そのつど必ず問屋・卸売業が介在しているのだ。

日本では一部の識者が流通段階が複雑で多数と言い、先進外国の人々が日本の流通そのものが不可解というのは、小売業、フード・サービス業に隣接する問屋・卸売業のことではなくて、実は製品製造業分野内でのことなのである。

なぜこの分野にこれほど多くの問屋・卸売業が必要なのかといえば、その理由は、欧米では原則として製品製造業は受注生産体制であるのに対して、わが国はほとんどが見込み生産体制であるためだ。

前者は小売業やフード・サービス業の世界にチェーンストア産業ができていて、製品製造業全体に対して加工委託、すなわち製品生産の依頼をしているのだ。これを仕様書（Specification）発注（Order）と言い、こうした商品開発の方式をマーチャンダイジング（Merchandising）と呼んでいる（133、134ページ参照）。単に品揃えのことをマーチャンダイジングというのではない。

アメリカでは製品製造業によるナショナル・ブランドが強いではないか、という反論がある。しかし、アメリカのチェーンストアは普通二〇〇店以上を直営しているものをさしており、数百店、数千店のチェーンストア各店に完全な品揃えをするには、ナショナル・ブランド製品といえども、事前に数量取引契約、すなわち生産計画の事前計画をしなければ、大量の取引はできないのである。

実際に、ニューヨーク証券取引所に上場している超一流のナショナル・ブランド消費財メーカーでも、その年間出荷高の八割以上がチェーンストア産業向けなのだ。とすると、メーカー側も数量予約がないと生産に踏み切れないことになる。定期出版の雑誌ですら、そうなのである。

だから、仕様の大部分はメーカー側の責任であっても、仕様の内容はチェーンストア側が条件を決めている。すなわちその条件に沿った受注生産体制なのである。従って同じナショナル・ブランドでもチェーンによってその品質は異なるのである。

日本は材料製造業のほうから、この材料をどれだけ使えと指示するわけだが、製品製造業側は「闇夜に鉄砲を撃つ」感じで実需がわからないから、加工を一段階やるたびに需給の模様眺めをする。だから、その調整とリスクを背負う別の商売、つまり問屋・卸売業が介在しなくてはならないのである。むずかしくいえば、この問屋・卸売業は完全なマーケティング調整業、すなわち在庫金融業をしているということになるのだ。

わが国ではかつて問屋・卸売業という中間段階は排除すべきであるとし、ときには問屋・卸売業撲滅論すら叫ばれたこともあるが、それは暴論である。なぜなら、今日の日本の製品製造業の分野で各加工段階に介在する問屋・卸売業は必須の存在であるからだ。この問屋・卸売業の存在を無視したり否定したりすれば、製品加工は仕掛かり段階のいずれかの途中段階でストップしてしまうのである。いわんや、チェーンストアが問屋・卸売業機能の無用論をいっているわけではない。

アメリカではチェーンストアがメーカーや産地と直結していると思う人が多いが、これも事実ではない。果たしている機能はたしかに日本の問屋・卸売業とは違うけれども、ベンダー（Vendor）と呼ばれる業者がチェーンストア業界のまわりで活動している（それらは分担する機能によってサプライヤー、ディストリビューター、ブローカー、ジョバー、レジデンシャル・バイヤー、サーベイヤーなどと分かれている。詳細は拙著『仕入れと調達』を参照）。

現状での弊害

けれども、これらの問屋・卸売業が製品製造業の中で五段階から一五段階にも分かれているというのは欧米ではないことで、国民のくらしにとっては不都合なことが多すぎる。とくにわが国の場合は一九七〇年代半ば（昭和五十年代）以降はますます材料製造業の力が増大し、同時に一部で製品製造業の巨大化も進んでいるので、作る立場からの一方的な流しこみ商品が大部分になってきている。その弊害を次にあげてみる。

(1)　最終小売売価が高くつく。

段階が多いのだから、当然にその多い分だけそのつど高くなる。結果として日本の小売売価はＦＯＢ価格（生産加工国の船積み取引価格＝通常は製品直接原価にあたる）の一〇倍（アメリカは三・五倍）となる。国民所得も個人所得も日本よりはるかに多いアメリカのほうが、物価は大部分の消費財について日本の約三分の一見当なのである。

(2)　商品発売初期におけるかけ値が多すぎる。

服飾を例にとると、日本では季節初めの価格が季節半ばすぎには四分の一近くまで暴落する。これは先進国にはないひどい値下がり率なのである。マンションメーカーの場合、この季節初めのかけ値は製造原価（材料費＋加工費の合計）の一〇倍にも達している。見込み生産体制のためである。

チェーンストア産業の成立している欧米での小売価格は、製造原価の三・五倍弱ですむ。理由は、仕様書発注品については計画と実績との差がわずかであるからだ。『チェーンストア経営の原則と展望』で述べるマーチャンダイザーがこれを担当するスペシャリストなのだが、その数量誤差は五％未満という技術水準なのである。

(3)　使う側に立てば必要なＴＰＯＳごとの商品の性質よりも、作る側にとって都合のよい性質だけが優先されている。

作る側にとっての「よい品質」、「高品質」は使う側にとって必ずしも「必要または適切な品質」ではないのだ。

(4)　商品がひとりでに多目的・多用途となり、この面でもムダにコスト高となる。

多機能では、ＴＰＯＳごとの商品は生まれないし、ライフスタイルがふえないので、本当の豊かさや潤いのあるくらしに発展しないのである。

この二項目は互いに関連する。実需を明確につかむことのできる小売業、フード・サービス業から、人々のくらしのニーズとウォンツについての情報をとれなくては、まったくの見込み生産体制となる。逆に、材料製造業の意向あるいは作る側の利益から割り出した商品の機能や性質が考慮の出発点となれば、〝使う〟側にとってははなはだしく不適切、不合理の結果になってしまうのである。

チェーンストア産業が成立している欧米の国々においては、消費財のほとんどが単能目的で、ＴＰＯＳを絞って作られ、提供されている。しかし日本の場合はまったく逆なのだ。作られている商品が使う都合に関係なく、いかにムダでムラでムリなことであるか、それがどれほど日本人のくらしを貧しくしているかについては、さきに述べたとおりである。

⑸　衣食住、どの分野でも商品をコーディネートできないから、本当の快適さや楽しさは決して生まれてこない。

日本人は単品志向（一品種・一品目しか買わない、いろいろ取りそろえては買わない、というショッピング傾向のこと）とか、個性的なおしゃれや楽しみ方をしているといわれている。本当は小売業やフード・サービス業がチグハグな品揃えしかしていないから、国民はやむをえずそうさせられているだけなのである。

衣も食も住も、各種の品種や品目をコーディネートして使うというのが、現代における文明的なくらしである。それゆえにコンファタブル（快適）であり、くらし、いや買物そのものすらがエンタテイメント（楽しみ）になると、何度もいったとおりなのである。

担うべき商品のプロデュース役

しかし日本では、それができない。というのは、生産者がばらばらにそれぞれの製品を見込み生産しているためである。チェーンストア企業があれば、さまざまな分野と段階の生産者を集めて、チェーンストアのリスクで仕様書発注ができる。それによってトータル・コーディネート、つまり同時に使う各種の商品を楽しく便利に組み合わせて提供できる。そのような生産のチーム・ワークづくりがチェーンストア主導で可能にしなければならないのである。

言い換えれば、使う立場に立って商品生産のプロデュース業の役割を果たすのが、チェーンストアの社会的任務なのである。それができないかぎりは、チェーンストア産業による国民生活上の革新性はない。そうして初めて第一次産業革命の長所をとり、その短所を矯めた商品提供ができる。国民大衆のくらしは、はじめて水準を向上させられるのである。

これができれば、製品製造業の中で加工段階ごとに介在している中間流通機能だけの問屋・卸売業は不要となる。なぜなら、製品製造業における見込み生産体制が受注生産体制に転換できるからである。

こうして、日本でもさきに図Ⅰ・3－5（101ページ）の上段の〈欧米では〉と同じ形の仕組みになるわけだ。

しかしながら、決して問屋・卸売業機能が消滅するのではない。欧米でもそうであるように、新しいパラダイムでは、さきにもふれたようにその任務をチェーンストア産業の商品開発や商品の追加補充集荷のためのベンダーへと変身する。これまでの問屋・卸売業とは任務や機能の異なるベンダーとして、活動の場を変えるだけである。

すでに先進的な日本の問屋・卸売業は、それぞれの企業内のセクションにそうした新機能をもたせはじめているのである。

第Ⅱ編

チェーンストア経営がめざすもの

1——チェーンストア経営の本質

1 流通革命の意味

わが国では、マスコミが流通革命という言葉を一九六二年から使い出した。識者も、流通業者自身ですら、「流通革命は燃えさかっている」とか、「日本の流通革命の結果……」と言い、一九八〇年代に入ると「ポスト（終了）流通革命」というたわごとまで論じられたりしている。

けげんに思って、「だれがやったのですか」と問うと、異口同音に「スーパー・グループが」という（俗にいうスーパー・グループとは、セルフサービスの大型店企業群のこと）。

たしかにこのうちチェーン化をめざしたグループはぞくぞくと株式を上場し、一九七〇年代前半以降に百貨店勢力の売上高を追い抜いた（一九九〇年で、売上高は百貨店勢力の二倍、二〇一三年には五・七倍に達している。表Ⅱ・1-1、表Ⅲ・2-5参照）。しかし、どの企業のトップも、自ら流通革命をやれたとは、決して思っていない。

このチェーンストア化の努力をし続けた企業の大部分は私が経営指導するペガサスクラブ（193ページ参照）の会員企業であり、しかも彼らが年商一〇億円未満の頃から、「流通革命をめざせ」と激励してきたものだが、新しい経済の仕組みへはまだ一部しか変わっていないのだ（94〜107ページ参照）。流通革命が、一九六〇年代から早くも行なわれたとするのは、その言葉の意味が、百貨店というかつてわが国小売業界で圧倒的な代表的既存勢力に、新しく〝スーパー〟・グループがとって代わったことだけをさしているにすぎないのだ。

表Ⅱ・1-1をご覧いただきたい。一九六〇年（昭和三十五年）現在年商五〇億円を超えるビッグストアはわずか二一社で、しかも一社（専門店の丸善）を除いてはことごとくが百貨店であった。最近では、驚くなかれ、ビッグストアは九一二社もとなり、しかもその約九割は、百貨店ではない「チェーンストア志向企業」群なのである。（ビッグストアの定義を年商五〇億円以上とするのは、このあたりの規模で企業体質ががらりと変わるからで、深い根拠はない。年商一〇〇億円でとってみても、さきの傾向は同じである。なお、この「ビッグストア基本統計」は㈱日本リテイリングセンターが一九六九年（昭和四十四年）から毎年続けている全数調査であり、全国の大学や研究者や図書館にも寄贈している。一部抜粋は114、227、228、265～267ページ参照）。

この中の小売業占拠率の欄にご注目いただけば、一〇〇年以上の歴史がある百貨店は今や完全に行き詰まり、チェーン組が王座についていることがわかる。「百貨店のリニューアル」とか、「ニューデパートメント作戦による復権」が論じられたにしても、フォーマット別順位はもはや五位、一社当り店数も依然わずか四店にすぎない勢力なのだ。そのため、各社生き残りをかけて、二〇〇七年から大合併ブー

表Ⅱ・1-1　2013年決算時ビッグストア統計

フォーマット・業種 ＼ 項目		企業数（社） 1960 昭35	1970 45	1980 55	1990 平2	1996 8	2000 12	2010 22	2012 24	2013 25	店数（店）	売上高（億円）	売上高占拠率 2013 25	2008 20	順位
百貨店		20	57	85	66	80	72	67	67	67	237	62,109	5.8	[7.1]	⑤
チェーンストア志向企業＝レギュラーチェーン（FCを含まず）／総合セルフ	日本型スーパーストア			57	37	27	24	23	24	18	1,965	64,725	6.0	[8.0]	④
	衣料スーパー				8	8	5	9	8	7	2,331	6,341	0.6	[0.5]	
	バラエティストア（ワン・プライス・ストアを含む）				4	11	11	17	16	9	6,311	7,374	0.7	[1.1]	
	ドラッグストア				9	21	46	55	52	56	12,718	46,266	4.3	[3.3]	⑥
	スーパーマーケット			155	238	317	277	282	315	329	11,850	143,677	13.4	[12.0]	①
	コンビニエンスストア				4	13	10	28	32	30	5,313	8,883	0.8	[0.8]	③
	ホームセンター				52	88	68	50	49	49	3,860	32,328	3.0	[2.9]	⑦
	オートセンター				3	8	10	10	9	8	492	4,207	0.4	[0.4]	
	総合・ディスカウント				11	21	17	5	5	14	918	15,438	1.4		
	生協			17	44	77	72	75	73	69	1,132	25,176	2.3	[2.4]	⑧
	小計	0	59	229	410	591	540	554	583	589	46,890	354,415	32.9	[31.6]	
専門店	食品・酒類				4	18	32	32	30	30	2,094	7,078	0.7	[0.5]	
	衣料 紳士				28	38	20	10	8	10	2,600	4,645	0.4	[0.4]	
	衣料 カジュアル						15	23	21	22	5,846	14,576	1.4	[1.1]	
	衣料 婦人・子供				40	58	40	34	36	38	8,853	10,295	1.0	[0.9]	
	衣料 呉服				9	12	11	7	6	6	724	959	0.1	[0.2]	
	靴・鞄				17	16	17	15	16	16	4,108	5,408	0.5	[0.4]	
	貴金属宝石				15	17	11	11	10	11	1,276	1,688	0.2	[0.2]	
	写真				5	7	6	3	3	2	1,291	1,354	0.1	[0.1]	
	眼鏡				6	12	14	15	14	13	3,051	2,637	0.3	[0.3]	
	家電				40	38	45	21	18	17	2,676	53,967	5.0	[5.6]	
	家具				20	26	17	12	12	12	534	5,364	0.5	[0.4]	
	薬粧品					12	11	6	5	2	397	256	0.0	[0.1]	
	スポーツ				8	23	19	20	19	19	2,218	7,716	0.7	[0.6]	
	リサイクル							5	6	5	894	1,568	0.1	[0.1]	
	書籍				22	55	22	28	28	27	1,754	6,785	0.6	[0.6]	
	雑貨・趣味など						23	29	22	26	3,326	8,774	0.8	[0.7]	
	小計	1	20	106	214	332	303	271	254	256	41,642	133,070	12.4	[12.2]	②
合計		1	79	335	624	923	843	825	837	845	88,532	487,485	45.3	[43.8]	
百貨店を含むレギュラービッグストア合計		21	136	420	690	1,003	915	892	904	912	88,769	549,594	51.1	[50.9]	

（書籍・雑貨・趣味などの1990年「22」・1996年「55」は両業種合算）

◇上記コンビニエンスストア30社のうちFCを持つ8社のFC売上高と店数、
さらに内訳が不明な5社分との合計は以下となる

		2010	2012	2013	店数	売上高	2013	2008
FC	コンビニエンスストア	11	6	5	43,460	83,838	7.8	[6.3]
総合計		903	910	917	132,229	633,432	58.9	[57.1]

［註］1．レギュラーチェーンのコンビニエンスストアは直営店の純売上高と店数のみ集計
　2．1996年はビッグストア企業数が最大となった年
　3．売上高構成比の変化などにより、フォーマット分類が変更になる企業があるため、フォーマット内での年別増減の単純比較はできない
　4．総合・ディスカウントの2012年以前はディスカウントハウスの数字

［資料］日本リテイリングセンター・ビッグストア基本統計2014年版

ムとなったのである。

しかし、これはあくまで小売業の中での主導権の変動であり、日本の社会や経済体制が特別に変わったわけではない。正しくは小売業革命と呼んでふさわしい局部的な〝大〟変化なのである。決してまだまだ〝流通革命〟にはなっていないのだ。

フード・サービス業の場合も右とほぼ同様な状況だ。フランチャイジーを含む年商一〇〇億円以上が一三四社、店数一〇〇店以上が一四三社である（65ページ参照）。

流通による生産と物流システムとの革命

では、本当の流通革命とは何か。英語で Revolution in distribution（流通業の中の王座が移動する革命）と日本では思っている人が多いが、それは間違いである。正しくは Revolution in everybody goods & everyday goods by chain store systems（チェーンストアが独特の経営システムによって、大衆日常のくらし商品を革命すること）なのだ。

そのめざすところは、日本国民の大部分が買ったモノで生活が豊かに向上し、しかも買物自体も不便で苦痛な行為でなく、楽しいと思える社会を築きあげようということなのである（表Ⅱ・1-2）。

さらにそれは、わが国の日常の生活用品のすべての領域において「作る立場・売る立場」から、「使う立場（食べる立場）・買う立場」へと転換した商品供給体制に変えることである。それは品質と売価と業態（販売方法）の転換を意味している。

表Ⅱ・1-2　流通革命（チェーンストア経営がめざすもの）の再確認

1．意味　　大衆のくらしの提案

2．内容

(1)　商品が変わる
- ①　売価——アメリカなみに現在の½へ
- ②　品質——ＴＰＯＳごとに使う立場からの新機能（×多目的・×高級化・×趣味化）
- ③　coordination——品種間調和（×チグハグ）
- ④　ＴＰＯＳごとのチェーンストア独特のフォーマットの確立（店内の商品レベルの統一）

(2)　業態（販売方法）が変わる <short time shopping>
- ①　self service 化（接客不要の状況をつくる）
- ②　super store 化（適正規模化）
  - ・SS　150 ～ 1,000 坪、
  - ・SSM　700 ～ 800 坪、
  - ・DS　2,000 ～ 3,000 坪
- ③　小商圏化→ドミナント・エリアづくり
- ④　集積（SC）化
  - ・オープン・エア型
  - ・便利な駐車場
  - ・来店頻度（商圏人口）統一

(3)　楽しい shopping に変わる
- (イ)　値札を見ないで（狭い価格帯で）
- (ロ)　品質（機能・ファッション性）を吟味しないで
- (ハ)　気分と好み（taste）だけで選べる

＝

＜ satisfaction guaranteed（満足＋信頼）＞

3．貢献度
- ①　その店があることで、地域住民の"くらし"（日常生活）が確実に向上し続けること（×売上高、×純益高、×賃金水準、×経営効率、×上場株価）
- ②　客数のみがバロメーター

4．努力方向
- (1)　より高頻度来店へ　＝日常生活化
- (2)　より小商圏化（→15 万人型→10 万人型→5 万人型→3.5 万人型→1 万人型へ）　＝寡占化
- (3)　より便利に（self service ＋ SC 化の徹底）　＝ short time shopping 化
- (4)　より大量へ（独特のごりやく）　＝ mass 化
- (5)　多店化（方法の標準化＝①効率、②道具・設備、③作業）

一言でいうなら、国民大衆のくらしのニーズとウォンツとにズバリ応える商品提供のプロデュース体制に変えることなのだ。

その品揃え状況を一覧表にしたのが、表Ⅱ・1－3の日米比較である。これによれば、日本のビッグストアは売上高が他の大部分の小売業に比べてはるかに大きいだけで、国民のくらしへの貢献はまだまだ便利さだけであることを示している。

もちろん、便利さは商業がくらしを守り育てるためには当然の第一課題であるが、二十一世紀初頭までは、日本のビッグストアにはまだ量販店（150ページ参照）という蔑称で言われても仕方のない金もうけ主義の店も多いのである。

だからといって、ビッグストアづくりが無意味なのではない。それは後述するように、チェーンストアづくりのための人材と資金（資産）との準備段階だからである（178ページ参照）。それは手順上は不可欠の過程なのだ。しかし、売上高規模が大きいだけのビッグストア企業数がどんどんふえてきただけでは、流通革命が実現したとは言えない。そのまま自然にチェーンストアができてしまうとは言えないのである。

では、本物のチェーンストアがいつできるのか。その答はこのあと述べていくけれども、二十一世紀の初め、二〇一〇年代中には初期のモデルが日本にも出現するはずである。

表Ⅱ・1-3　チェーンストアの品揃え日米比較

方向		従来の日本	アメリカ（これからの日本）
本質	モデル	日本の量販店の品揃え	アメリカチェーンの品揃え
	狙い （スローガン）	ベンダーが勧めるものなら何でも（全用途対応型） ・他人が作ったものの中からだけ	客に必要なものをそろえる（大量販売型と生活提案型） ・なければ作らせる
	雰囲気	一点豪華きわだち主義	Harmony（潤い）
	Assortment （分類）	作る立場（売る立場）で ＜マーケティング＞	使う立場（買う立場）で ＜マーチャンダイジング＞
性格	用途	・客層別に絞り ・多目的・多用途兼用のまあまあ商品〈業種〉	・用途を TPOS 別に絞り（客層は広げる） ・ひとつの用途については機能が完全な商品〈Format〉
	特色	・高級品趣味品、ハイファッション ・色と味に無頓着	・日常品、マス・ファッション ・容量、サイズ、色、形、味とで勝負
	受容度	Unaffordable Item	Affordable Item
売価	価格帯	Moderate Price と Better Price（考えあぐねてから買う）	Popular Price（Middle または Lower） （売価を気にしないで買える）
	廉価	NB の割引き	開発商品と NB の割引き
	上限と下限の間隔	広がってゆく （客は値札を見てから吟味する）	狭い （客は値札を見なくても買える）
品質	方向	用途の多様化に耐える特質を多数与える＜原価が高くなる＞	TPOS（用途）ごとに限定した特質を与える＜原価は低い＞
	範囲	ムダな品質も数多く	必要な品質のみ
	技術	業界常識	Trade Off
商品部の活動	努力方向	部門と品種とサイズ少なく、スタイルと色数と SKU 数多く	部門と品種とサイズ多く、スタイルと色数少なく、 品目数は少なく
	内容	生産者発信型の Marketing の延長上	みずからの Sourcing 活動
	結果	数量補充と継続とが不可能	数量補充と継続と拡大が可能
客にとって	選びやすさ	①2～3品目を探すのが大変 ②価格差のある品目間で迷う	①2～3品目をすぐ発見できる ②2～3品目を快く比較できる
	組合せ方	チグハグ	Coordination
	買いやすさ	Inconvenience （ストレスを高めつつ）	Convenience （気軽に、のびのび）
	心理	ためらい・不安・後悔	爽快・安心・満足
	気分	不安（苦痛）	楽しい（愉快）

日本人のくらし観念

2 豊かなくらしをめざして

すべての人間は生活をしている。その生活のためには、貨幣を入手しなければならぬ。その貨幣を入手するのに、人々は労働をすることが必要である。この労働という苦労の結果得た貨幣で人々があがなおうとするのが、昔も今も未来も、まず日常のくらし用品である。

日本人はこうしたくらしのほかに、しばしば美術品やホビーやスポーツやレジャーに、あるいはおしゃれや趣味や教養に、そして教育にもお金を使う。それをゆとり支出という。

実は、ここに早くも根本的な誤解が存在するのだ。

日本人の多くは、くらしとは生物として生命を維持するための生活であって、それとは別個に特別な文化的または趣味的ないし芸術的生活がある、と信じている。

わが国では生活水準の向上とは、まず動物的生存に必要なモノの充足が先決であり、次いで文化的支出をしだいにふやしていくことだとしている。したがって、その内容は、第一段階で所有するモノの品種数がふえること、第二段階はそれが高級化していくことだ、と観念することになる。

このために一九八〇年代以降は高級化＝趣味化＝感性化という方向をたどる、いわゆるコダワリをモチーフとする上質化へという話に発展していくわけだ。そうしたライフスタイル変化の考え方は、国際的にみると日本独特で、その内容はチェーンストアの発展した欧米人とはまったく異なるのである。

これこそ、これまで日常のくらしの充実を軽視してきた証拠なのである。

豊かさの庶民化

欧米では、というよりも十六世紀のルネッサンス時代から人類史が明らかにしていることは、文明とは人々のくらしが充実していく過程そのものを意味してきたのである。王権と宗教とによる抑圧の中で制限されすぎた豊かさを、自由に自分たちのために、しかも自分たちの手で人間的に築造することを、より高い水準文明としてめざしていたのである。

この後に十七世紀から始まった産業革命（本質がエネルギー革命だったので、今日では第一次産業革命と呼ばれるべきであるが）は、十八世紀に入って全地球上の全人類に新しい文明開化として受け入れられつづけてきた。

振り返って、王侯貴族やそれと結託した一部特権階級のみが亨受できた中世までの豊かさは、膨大な人手による奴隷的労働の結晶として、その痛ましい犠牲の上にようやく支えられていたものだ。

しかし産業革命は、強力な動力エネルギーを活用することによって少ない人手で材料の大量生産を行ない、人々にこれまでとははるかに便利で均質なモノの提供を拡大していくことができた。それが十九世紀から二〇〇年の間、新しい文明づくりの大潮流であった。

豊かさの大衆化

十九世紀後半から、アメリカ人は、日本ではあまり知られていない一大革命を起こしはじめ、二十世紀を通じてまったく新しい物質文明の社会を創造したのだ。

というのは、第一次産業革命の恩恵の受け方の程度は所得の多少で大きく左右された。このため産業革命のご利益《りやく》は、豊かさの庶民化にとどまった。庶民化とは、その良さを入手できる人を一人ずつ徐々にふやしていくことだ。しかしアメリカで起こった新しい革命とは、庶民化を修正とする大衆化なのである。

ここでいう大衆化とは、一挙に国民の大部分、およそ八割（Everybody, Most People）が平等なくらしの豊かさを享受できる状態にするということである。つまり、所得額に関係なく、高額所得者も低額所得者も、社会的地位の高低や、民族や人種のちがいとも関係なく、豊かなくらしのできるような新しい経済の仕組み、すなわち経済制度を創造したのである。

そのさいの商品の特徴は大衆品（Everybody Goods）であり、実用品（Everyday

Goods）であることだ。その経済制度とは、本書が取り組んでいるチェーンストア産業づくりなのだ。

チェーンストア経営のシステムは、一般大衆のくらしを王侯貴族や一部の特権階級と同様な豊かな水準にまで引き上げようという、革命的な経済制度づくりだったのである。それはアメリカ社会に存在した人種的・言語的・宗教的な社会的差別を解決するシステムだったのである。同時にそれは、第一次エネルギー革命の長所を活かしながら、他方その短所を改革する経済革命なのであった。

欧州の先進国はいち早く第一次世界大戦直後にそれをとり入れ、第二次大戦前には、早くもアメリカと並ぶくらしの大衆化、つまり大衆の消費生活の文明化が進んだのである。

このことは、ピューリッツァー賞を受賞したハーバード大学歴史学教授ブーアスティンが著書「The Americans」で、チェーンストアによる〝くらし〟革命として述べている（143ページ参照）。

豊かさの日常化

この場合のくらしとは、毎日毎日の日常生活の中で、生物的生存ができるという意味ではなくて、人々が二十一世紀に享受できるあらゆる文明の精華を味わい、使用できるという、文化生活のことである。

日常使われる品種や家計支出先の種類数は確かに従来より増加していくけれども、その数の多少が文明の尺度なのではなくて、そこで問題になるお値打ち（Value：評価の基準）は、便利でしかも楽しいこと（Convenience & Comfortable）なのである。

大事なことは量よりも質、所有することよりも使用（活用）すること、金額よりも内容である。そしてさらに大事なことは、たまにはりきって何かをすること、ではなくて、毎日のように、ふだんにそれができること（Usual）なのである。

したがって、くらしの向上という言葉の意味は、たまさか何かすばらしいことができるという状態のことではない。毎日良い状態が続くこと。言い換えれば、高級化ではなくて日常化が大事なのだ。日常生活が充実して、初めて本当の生活水準の向上なのである。そのための商品を、われわれは実用品あるいは日常品（Everyday Goods）と呼ぶのだ。

およばれのときだけ高級服を着ておしゃれする、たまに料亭でぜいたくな料理を食べる、たまたま招待で高級ホテルに泊まった、わびしい住居の中に一枚だけほんものの絵があるというのは、珍奇さであって、まるきり豊かさとは無関係な話だ。

だから、ライフ・マネジメントのための支出とライフ・エンタテインメントに対する支出とは、一人の人間、一つの家庭の中で並行し、そして互いにバランスがとれ、互いに調和（Coordination）したものであり、しかもそれが日常であり、ふだんである状態が、少しずつでもさらに充実していくときに、生活の向上があると表現するのである。

日本の社会にはそれがない。日本人は、そうしたくらしの豊かさの向上が文明なのだとは思ってもみなかったのである。


日本ではいまだに、識者やオピニオンリーダーの人たちまでもが、高級な人種と中流の人々と下層な人たちがそれぞれレベルやスタイルの異なる生活をしている、と思い込んでいる。だから格差は拡大中だというのである。

そういう前提で客層を分類するのがマーケティング発想と思い、分衆、小衆あるいは多衆の時代という言葉にもなる。それが峻別できないと（できるはずがないので）、多様化、個性化、はては「消費者の顔が見えない」、「新しい集合」の時代と言いだすのである。

ほとんどの人々が日常的に、ときには高額品を、ときには低額品を上手に使いわけている状態が、今日欧米で実現されはじめている現代の文明水準であり、それが〝豊かなくらし〟なのである。そこでは大部分の人間が、機能ごとに違う買物をし、TPOSごとに品物を使いわけている。

だから、われわれが実現したい経済のあるべき仕組みは、買う立場、使う立場、食べる立場、楽しむ立場から、商品（それはモノとコトと二種類あるけれども）を提供できるようになっていなければならない。しかも、だれもがいつでも気軽に入手できる価格と方法とである。

こうした状態を実現することを、生活民主主義の実現という。そうなっていない日本の現状をおかしいと思い、その状態をあるべき形へと変革するために、商業活動として〝チェーンストア産業づくり〟をしようというのが、私どもの主張なのである。

二十世紀に人類が開発した最高の社会システムの一つが、このチェーンストア経営システムであり、われわれは今それを、立ち後れた日本国民の生活のために築造しようと、日夜努力の限りを尽くしている。

それは、日本人の生活実態、とくに大衆のくらしが実は豊かなのではなくて、貧しいと観察するからである。わが国では「生活水準の向上」という言葉の意味が間違えて受けとられており、生活充実の方向が間違っているから、われわれはその改革のために挺身しようというのだ。チェーンストア産業づくりとは、社会と経済の仕組みの有効な変革運動の一つなのである。

3 目的は経済民主主義

チェーンストア経営の目的は、ふつうなら一部特権階級のみしか享受できないような本当の豊かさへと、国民大衆の毎日のくらしを変革していくこと、と述べてきた。これを簡明に表現したのが〝生活民主主義の実現〟という言葉である。

しかしそのためには、生産と流通との関係についての仕組みをがらりと変えなければならない。製品製造業による一方的な現行の見込み生産体制を、チェーンストアによる受注生産体制へと切替えることだ。そこでチェーンストアの世界では、チェーンストア経営の活動目的を「経済民主主義の実現」と規定している。

この「経済民主主義（Economic Democracy）」とは、生活民主主義が現実のものとなるような経済の仕組みづくりに努力することである。アメリカの歴史家たちは、これを重大な社会革命（Social Revolution）の一つとみているのである（かつてカイゼル・ドイツ時代とナチ・ドイツ専制時代との中間にあったワイマール共和国時代に、ドイツ社会党の唱えた経済的民主主義：Economical Democracy は大衆株主運動であって、われわれのいう言葉はそれとはまったく意味の異なる用語である）。

そのための手段の総称が「流通革命」という言葉である。しかしこれは変化の状況を示す用語であり、チェーンストアづくりを「経済民主主義の実現」という場合は理念用語なのである。

4　マス・マーチャンダイジング・システム

マス・マーチャンダイジング・システムの内容

「経済民主主義」への技術的手段を総称する言葉が「マス・マーチャンダイジング・システムづくり」である。英語では、Mass Merchandising Systems だ。その内容は簡単ではない。というのは、さきに述べたように、

①　小売業あるいは飲食業やサービス業の基本的技術
②　国民大衆（一部の人とか、今、店に来ている客だけではない）のウォンツとニーズを知る技術
③　それらを商品化する技術
④　製造業と同水準の生産方法についての知識
⑤　多数の事業所（普通は店舗）が同じように運営できるマネジメント技術
⑥　右のすべてを計画し、計画どおりの結果を出し続けるための、プランニングとコントロールの技術

⑦　すべての分野で新しく開発され続ける高度の技術（ハイテク：High Technology; Hi-Tech.）を理解する教養

と、まことに範囲が広く、かつ奥深いのである。

担い手としてのスペシャリスト

その技術をもつ人をテクノクラート（Technocrat）あるいはスペシャリスト（専門技術者）というのだが、その技術水準に到達するには一人ひとりにさらに、

⑧　数十年の研鑽（経験と理論勉強）

⑨　地味な、しかし誠実な継続的努力

⑩　それを支える人生のロマン

という条件が追加され、合計一〇のきびしい属性が必要となってくるのである。

普通の小売業やフード・サービス業と同じなのは先の①だけであり、②から⑥までがチェーン独特で、⑦から⑩までは成功するために必要な人生観や世界観の問題でもある。

日本では残念ながら、小店がなんらかの努力で繁盛し、次いで店舗面積合計をふやし続けることで規模拡大という成長をしていけば、ひとりでにビッグストアとなり、さらに店数をふやしていけばチェーンストアになる、と思われている。

それは屁理屈であり、机上の空論である。それでは必ず途中で挫折する。実際に

昭和初頭に行なわれたわが国のチェーンストアづくりはすべて挫折した。ビッグストアづくりには明確な経営戦略（『チェーンストア経営の原則と展望』第Ⅱ編第1章参照）が不可欠であり、チェーンストアづくりは、資産と人材との準備ができてからもう一度、零から思想と行動とを出直してのシステム経営づくりとなるのである。

それは大規模経営であり、同時に商品開発の危険もおかすわけだから、数字と論理とで科学的に武装したスペシャリストの大集団が必要となる。事業所数ひとつとってもまず標準化された二〇〇店突破が第一段階だというように、製造業よりもはるかに多い桁数となる。また専門に取扱う商品の範囲は生産者や問屋卸売業の場合の何十倍、何百倍と、とてつもなく広いのである。いうなれば、生産者と集荷・保管・運搬・納品の業者と消費者へ直接物品を供給する業者という三役を、同一企業で担当するための技術が必要なのである。

時間と努力とが三倍ではなくて三〇倍はいるもの、と覚悟しなければならないのだ。だからこそ、ハード・ワークを楽しみとするような積極的な生きざままでが不可欠な条件となってくるのである。

マスの意味

それでは、ここでいうマス（Mass）とはどういう意味なのだろうか。これもまた、日本では誤解が渦巻いている。多量とか多額という意味にしか受けとめられていないからである。

それを many とか much といわないで、わざわざまったく異なる Mass と表現するのは、ことさらに違いを目立たせるためでもある。日本語の翻訳は「大量」である。それは「多」ではなくて別の「大」であることに気付いてほしい。この「大」という文字は、「多」ではできない別の範疇（分野）に属する特別な多さをさしているのだ。

たとえば、「一ダースなら安くなる」と言い、一〇〇ダースならもう少し仕入原価は低くなるだろう。五〇〇ダースなら、さらに若干下がるかもしれない。けれども実際問題として、日本の現状では一、〇〇〇ダースになるとかえってコストが高くつく場合もある。五、〇〇〇ダースなら、普通の問屋では確実に間接コストは高くなるだろう。

ところが相手がメーカーなら一〇万ダースになると、材料や加工方法や集荷ルートが通常とはまったく一変するので、一挙に最初のコストの半分以下で入手できたりするのである。

この一挙に変わってしまう転換の役目を果たす量、それを超えたとき、「マス」というのである。今までできなかったことが、画期的な形でできるようになるような量なのだ。当然に物流も店舗現場の作業方式まで一変するはずだ。

とすると、「多量」という言葉ではそこまでは暗示しないだろう。普通の多さではないにしても、常識や慣習よりはもっと多いという程度の意味と受けとられるものだとしたら、チェーンストア経営では、やはり英語のマスの方法を表現としては使って行きたい。

次に店数で考えてみよう。店数が五店を超えるとトップは肉体的な管理の限界となり、一〇店前後から事実を数字でつかみにくくなる。二〇店ぐらいからあらゆる命令は無視されがちとなり、三〇店あたりから現場からの報告の内容が信用できなくなるものだ。

それは、愛社精神とか正直さとかガンバリズムとか家族主義といった、支店経営で通用したノウハウではやっていけない規模なのだ。それとは異なる別の、新しいマネジメントをモットーとした新しい体制づくりが不可欠なのである。だからその仕組みを新しく学ぶことが肝要で、学習すれば、だれにでもしばらくは実行可能なのである。

ところが店数が五〇店を超え、さらに一〇〇店を超えると、理論を学んだからといってただちに管理できるわけではなくなるのだ。綿密で周到なシステム設計が長年にわたって準備され同時に経験の積み重ねがいるようになる。実際は全セクションにおいて、これまで些細な事に思えた意思決定のミスが一挙に損失を拡大し、墓穴を掘ってしまうのである。

このあたりで働く人々の感じ方、考え方、日常の行動形式が変化を見せはじめる。会社のしきたり、従業員の行動慣習で革命が起きはじめる。いわゆる「企業文化(Corporate Culture)」の水準が急上昇するか、逆に転落し始めるのである。

しかし二〇〇店を超すと、まったく別の領域で価値創造が可能となり、まったく新しい方法で商品づくりと店づくりとマネジメントについての水準の大飛躍ができるようになる。これがマス・マーチャンダイジングの効果なのだ。事業として提供できる、経済的ご利益《りやく》の質が一変するのだ。これまで不可能とされていた画期的な商品提供が、はじめて可能となるのである。これは、店数がマスになったことを意味している。事実、欧米では、チェーンストアというからには標準化された店が二〇〇店を超えなければ一人前としては扱われない。それまでは特別なご利益が出ないからである。

日本で、わずか数店なのにチェーンストアと名乗っているにせものは論外としても、二〇店を超せば名実ともにチェーンストアのつもりになり、五〇店を超えてもう自他ともに許す成功例になった雰囲気があるのは、噴飯ものである。それは「チェーンストアもどき」であって、世の中への貢献、くらしに対する影響力は単にわずかな便利さにとどまるだけなのである。

マーチャンダイジングの内容

マス・マーチャンダイジング・システムでいう「マーチャンダイジング」とは、商品計画から消費者への提供までの、商品取扱い全過程の総称のことである。その中には、生産・保管・運搬・陳列・販売促進（広告）・決算までの一連の活動のすべてが含まれる。

したがって、日本でしばしば誤用されるような「品揃え」（英語ではAssortment）の代名詞ではないし、イン・ストア（店内）での営業活動という意味でもない。むしろマーチャンダイジング活動に関する所要時間の大部分は、店に商品が到着する以前にかけられているのであって、店に納入されてからの営業活動はマーチャンダイジングの最後の締めくくりなのである。

そこでマーチャンダイジングとは、商品開発という言葉の代名詞にも使われる。この場合商品開発とは、製品開発と提供方法の開発の二つを含んでいる。

そのうち前者の製品開発とは、①集荷ルートの開拓と、②ストア・ブランド（Store Brand：ＳＢと略称）づくりと、さらに、次の段階として③プライベート・ブランド（Private Brand：ＰＢと略称）づくりの三つで構成されている（ＳＢとＰＢについては、『チェーンストア経営の原則と展望』第Ⅰ編第１章参照）。

後者の「提供方法の開発」とは、商品構成（品目と陳列量、あるいはメニューのそれぞれの組合せ方）、販売単位、売価、運搬と保管と補充と維持との単位と方法、売場構成、陳列方法（メニュー表現方法）、ＰＯＰ（Point of Purchase：店内）広告、販売促進、プリパッケージと最終パッケージ、支払いと配達と修理の方法など、商品を取り扱う周辺のすべての対策についての開発までをも広く包含しているのである。

だから商品開発イコール製品開発ではないし、また流通業では技術的には提供方法の開発、その研究と改善策のほうが、製品開発と取り組むよりもさきに確立されるべき課題なのである。

さてマーチャンダイジングはしばしば「商品化計画」（Product Planning）と同じとされている。しかし、前者はチェーンストア独特の専門用語で商品開発のことであり、後者はメーカーの製品開発のことで意味が異なるものだ。マーチャンダイジングの決め手は、メーカーによる製品開発とは異なり、商品の提供方法、すなわち売価と品質（機能）と販促を決定することなのである。

マーケティングとの相違

では、「マーケティング」とはどう異なるのか。

日本では、マーケティングとは売れている商品とその販売方法の実態からこれからの傾向を問題にすることだ、と理解している人が多い。そのために市場調査（Market Research）をし、需要予測（Demand Forecast）を行なうわけだが、その方法が計数的・科学的手法ならばマーケティングの一部分として正当である。

しかし評論的・印象的な内容ならば、それは時評でありえても、マーケティングの本質をそこなうにせものである。

さらにアカデミズムでとらえられているマーケティングの論旨は、日本の場合、製造業界側のデータに偏向している。そのために現在買われているという意味のウォンツだけをとらえ末端供給機構の任務とあり方とを軽視し、結果として生産川上・流通川下論の枠を出ていないことが多い。これはメーカー側が決めた品質と価格の商品を、流通は消費社会に配給すればよいという考え方である。

アメリカのチェーンストアではウォンツよりもニーズの発見をモットーにしているので、マーケティングの内容は日米間ですれ違っている。むしろわが国では、「売る」ための理論体系と受けとめられている。

日本の大学では無視されているマーチャンダイジングという概念は、アメリカではアカデミズムも製造業界も使いこなしている言葉であり、マーケティングの中の商品に関する開発行為の総称とされているのである。

いってみれば、「売れる」商品づくりである。「売る」仕掛けのことではない。だから、さきにもいったとおり、「商品化」活動のことなのだ。

売価について比較してみると、日本では、ベンダーや小売業側のコストの積上げの結果として小売売価が決定されている。しかしチェーンストアが考えるマーチャンダイジングプランは、最初に①人々が気軽に買える小売価格を想定し、②それに見合うコストと品質の品を、③世界中から探し出し、④それをマス化するための仕組みを研究工夫するということになる。

換言すれば、前者は「作る立場・売る立場」での、後者は「使う立場・買う立場」での発想なのである。

繰り返していう。チェーンストアは、マーケティングそのものは否定しない。しかし、日本で一般に喧伝されるマーケティングの語法なら否定する。そして、あくまでマーチャンダイジングをモットーとするのである。

マス・マーチャンダイジング・システムづくりの手順

さて、マス・マーチャンダイジング・システムづくりとは、まず、

① チェーンストア経営の〝大義〟をビジョン（Vision：実現しようと思うロマンをこめた願い）とし、
② 人々の日常のくらしのためにマーチャンダイジングをして、
③ 売れ筋商品の品質と数量を確保し、
④ そのための作業方法を標準化し、
⑤ それによる店数ないし事業所単位が二〇〇を超えて、
⑥ 人々の日常のくらしを本当に豊かにしていく、

その過程、その活動全体の仕組みをつくること、制度化することである。二〇〇店というのは唐突の感がするかもしれないが、その意味するところはさきに「マスの意味」の項で述べており、これが欧米における経験法則である。フード・サービス業の場合はむしろ三〇〇店を超えないといけないとされている。店ごとの売場面積も、日本の専門店のほとんどは五〇坪未満だが、欧米の専門店チェーンは二〇〇坪超が当り前である。総合店なら五〇〇坪以上が当然なのに、わが国は大部分が四〇〇坪未満だ。そのくせアメリカの二〜三倍という広すぎる店もあるのだ。

5 システムづくり

チェーンストア経営は正確には、チェーンストア経営〝システム〟という言葉で表現されている。このシステムづくりとは、ひとりでにそうなってしまう仕組みを発明することである。よいシステムの条件とは、①いちいち努力・配慮・留意・注意をしなくても、いつのまにか、いつも良好な結果が出るような、②よい習慣としきたりとを、積み上げることであり、③適切な標準化が進むことである。

言い換えれば、悪い例外を少なくしていくことだ。

もともと同じマイナス現象（事故）が繰り返し発生するのは、⑴例外が漸増するのを見逃していることと、⑵そのさい叱責と激励という抽象的願望でごまかし続けているためと、解釈しなければならないのである。

それでは標準化（Standardization）とは、いかなる意味か。

わが国では標準化と規格化とを混同することが多く、標準化に対する攻撃のほとんどはあしき規格化のことである。

標準化とは、次の七つの過程を含んだ専門用語である。

①その時点で最良と思われるキマリをつくる
②それを全員に教育し（理解させ）
③それを全員に実行させ（普及し）

規格化

④それによるマイナス効果と
　より良い事例を新しく発見することで
⑤定期的に
⑥よりよい規格に修正し
⑦続ける

修正化

というわけなのだ。だから規格化と修正化の二つが並行して、繰り返されていく過程が、標準化なのである。

したがって、チェーンストア経営におけるシステムづくり、すなわち方法の標準化とは次のとおりだ。

(1) まず因果関係のうちベストの作業方法（道具と動作と手順との三つ）を発見する。

(2) それを道具と動作と手順とに分け「規格」（キマリ）として表現し、マニュアル化する。

(3) 実験を繰り返す。

(4) そのさい結果よりも、プロセス（手続き）、さらに道具を、先に規格化する。

(5) 普及の訓練をし、そのあとも現場での監査と指導とを繰り返す。

(6) まず六五％を規格化、ついで八五％を、最後は九五％へ。

(7) その規格がベストと思えても、よりベターな方法を新しく発見し直し、定期的にキマリの修正を繰り返し、右の(5)以降を繰り返す。

したがって、標準化とは結果の規格化でも、道徳（心がけ、態度）の規格化でもないのだ。

その要領は、①道徳的期待よりも、作業の具体的方法で表現すること、②キマリのバージョンは三〇店までは一類型、一〇〇店までは二類型、五〇〇店までは三類型、一、〇〇〇店以上で五類型としぼることだ。

そこで前ページの(1)～(3)の手順について、もう少しくわしく説明すると、

① 観察＝実地、実物または実際の数値から問題点を見つけ出す。

② 分析＝複数の原因を推定したあと、現場で本当の原因を事実として確定する。

③ 判断＝応急処置と新しい制度対策とに分けて起案する。

④「判断」結果について実験をする。実験とは成否の因果関係を確かめることである。そのあと結果を制度化するのである。

この実験はまず一店でやり、成功すれば三店で、さらに一エリアで、そして一ゾーンで、という具合に徐々に事例数を拡大していくことが原則である。

インダストリアリズム

次にチェーンストア経営のモットーはインダストリアリズムでありたい。それは、直訳すれば、工業化である。つまり流通業経営に工場経営における生産管理方式の考え方をとり入れるという考え方のことだ。

その内容は、次の三種類に分かれる。

① エンジニアリング＝事象を数字で表現することで合理化（経営の科学化）を進めること。

② マス化＝大量にするという場合の目安は、

(イ)一日一店で、(a)一〇〇個以上、(b)入店客の一割以上売れること

(ロ)年間一、〇〇〇万個（食、着、台、枚…）

(ハ)店数　小売業は二〇〇店、フード・サービス業は三〇〇店以上へ

これを実現するには商品の種類数を絞りこまねばならない。

③　スタンダーディゼーション（標準化）＝最良のキマリ（規格）として、「道具と動作と手順」とを決めて、確実に普及させながら、定期的にそのキマリを修正し続けることである。

日本の現状

日本では製造業界をはじめ他の産業界でも大正時代以降、工業化が急速に進行し、大部分の領域で世界のA級にまで発展した。一方、流通業界だけは我流の経営方法が横行し、個人のアイデアと体験と度胸だけで経営をする風潮がある。

このため肝心の商品と作業システムとマネジメント方式とが旧態依然のままなのである。だが、過去五〇年間に行なわれたビッグストアづくりも、工業化の一環だったのである。

流通業で工業化を徹底する時はじめて、チェーンストアでいう多店化が進行し、その軌道の延長線上に、チェーンストア経営システムとその大きな経済的効果が見えてくるのだ。

工業化思想の本質は、①感覚や印象を根拠としないで、②あくまで現象を数値と

して理解し、③論理的に、④あるべき標準化を進めることで、⑤改善と改革とを継続し、⑥影響力を拡大していくことである。

方法や結果の是非を部分的・抽象的に言う前に、それが正当であるとの理由（合理性）と根拠（数値）とを示すべきなのである。

6 〝くらし〟への貢献

それでは、チェーンストアは、どの部分で人々に貢献するのか。こう開き直ってみることが肝要なのである。断じて、単に売上高がふえたから良いというわけではないのだ。チェーンストア志向企業は、定期的にこう自問自答して、日常行動の反省をしつづけなければならない。

なぜなら、人間はともすれば大にあこがれ、まわりから賞讃（本当は追従？）されるようになると、成功だ、成就だ、と自己満足に陥ってしまうからである。常に現状否定をし続けることこそチェーンストア経営の基本態度であると指摘する（172～176ページ参照）のは、そのためである。

かつて一九七〇年代に、世界最大のチェーンストアであったシアーズ（Sears）社

表Ⅱ・1-4　アメリカのチェーンストアによる“くらし”革命

A	チェーンストアは、アメリカ民主主義の実際上の普及者である。
B	彼らはミリオネヤの使う品を、ミリオンの人々が買える価格で、提供している。
C	チェーンストアは、アメリカからLocalという言葉をなくしつつある。アメリカ人は引越しをしても、自分の知っているチェーンの売場で、知っている陳列位置で、実に便利に気軽に安心してその品を買えるのだ。
D	地方都市の中小商店が、その地方の必須条件ではなくなってきた。地方としての特殊性は、いまや不要になってきたのだ。
E	将来大都市になろうとしている新興都市にこそ、巨大で印象的な消費の殿堂がまずつくられてきた。
F	見わけがつかぬほど似かよった物を、互いに所有することで連帯する。そこには、思想の違いもイデオロギーの対立もない。
G	20世紀から楽しみとうさばらし方法は、映画館でもバーでも教会でも革命でもなく、買物となった。
H	現代における本当の休日と祭日とは、買物の日なのである。

〔資料〕 Daniel J. Boorstein（ハーバード大学歴史学教授・元京都大学教授。ピューリッツァー賞を受賞）著“*The Americans : The Democratic Experience*”より。

が、プライス・ポイントを二割がた一挙に上げようとした。石油危機に始まる国際的大不況に対して（さすがのチェーンストアの代表だった同社ですら）、間違った意思決定をしたのである。このとき、アメリカ中のマスコミは（経営マスコミばかりではなくて一般マスコミまでもが）、同社に対して社説と記事とで攻撃キャンペーンをした。店頭では労組ならぬ一般消費者の主婦たちが、プラカードを持って抗議運動を展開した。そのスローガンは「シアーズ社よ。われわれアメリカ国民を裏切るのか」だったのだ。

シアーズ社こそ、チェーンストアとしてアメリカ国民の生活を守り育て豊かに維持し発展させる社会的機関として、アメリカの一般の人々が考えていた証拠なのだ。

私はその情景に接して、感動した。そして日本には当時既に百貨店を追い抜くビッグストアがあまた出現し始めていても、ここまで国民が信頼している店はまだ一社もないことを心から恥じ、わが努力の不足として自虐したものである。（もちろん、同社は間もなく価格政策を戻し、以後「シアーズこそアメリカである」と、アイデンティティ：自己存在意識を経営スローガンに表現した。）

小売業やフード・サービス業やその他のサービス業などすべての流通業は、小さくても大きくても、いずれの時代でもいかなる国でも、生活を営むための物と事との提供ビジネスである。しかし、①人々（大衆）の、②日常のくらしを、③急速に向上させ、④本当に豊かさのある潤いのある現代生活として、⑤守り、⑥育てていけるのは、チェーンストア経営システムだけである（表Ⅱ・1―4参照）。

したがってチェーンストアが持つ経済的かつ社会的な独特の特徴は、

㈠ 従来型の流通業から分離した新しい〝基幹産業〟（活発な設備投資産業）

㈡ 客にとっては〝生活提案〟産業（品質・価格・業態の革新で）

㈢ マネジメント面では〝独特の業務システム〟産業

㈣ 従業員にとっては、最もヒューマンな〝企業文化〟を持つ産業

㈤ 全国どこでも、同じ水準で同じ方法で〝生活民主主義の実現〟産業

一言でいえば、国民生活を真の文明国らしく変革できることに存在意義がある。とすれば、その店がそこにあることでその地域の人々のくらしが確実に向上しつつある、とその人々が実感できる状態の有無、その程度こそ、チェーンストア経営に

よる貢献度であり、チェーンストアとしての経営努力の到達点についてのバロメーターである。

その点で、客数こそが最も重大な数値的指標というべきである。決して、売上高や、純利益高や、賃金水準や、経営効率ではない。いわんや、上場株価や従業者の自己満足感で、その貢献度あるいは成就度をはかってはならないのである。

ビッグストアづくりというチェーンストアづくりへの準備過程では、関係者は右のような瞬間的にだけ必要な数値に、おこがましくも貢献度や成功度を示すものとして気を奪われやすいことを、もう一度理解しなければならないのである。

生涯設計の意味

7　生涯設計と能力開発

生涯設計とは、
①　わが社に二〇年間以上勤務すれば、その後単独で世界中どこへ行っても「技術者」として貢献できる能力を持たせられること
②　それゆえに、四十代半ばには、どこへ行っても、その能力にふさわしい報酬と社会的地位とが保証されること

③　①と②とが信じられる職場状況にあること
を意味する。これはチェーンストアが歴史的に育てて来た独特の、従業員の将来に
ついての考え方であり、それはチェーンストアがめざす論理的「企業文化」基盤と
なっているべきなのである。

求人案内と採用説明

そのためにまず、会社側は、求人案内で、わが社の①労働条件（職場環境）と、
②教育（知識と経験）システムと、③予想されるその成果との三点について、現在と
X年後とにわけて、具体的に、自信を持って説明できなければならない。
さらに採用時には、あらかじめ①独特の〝企業文化〟社会として、労働契約（就
業規則）を説明し、②二〇カ年間にわたる長期の教育カリキュラムも明示して、③
すべての人々にチャンスがあること、さらに、④報酬の見通し、特に三十五歳と
四十五歳の時点（家族の生活習慣の変わり目）をわかりやすく知らせるべきなのだ。

就業と教育の原理

チェーンストアにおける就業の原理は次の三つだ。
①　報酬は、職務を完全に果たしたという行為への対価とする
②　同一労働同一賃金制とする（作業遂行水準＝時給＝教育単元＝評価尺度の四位一体性）
③　教育の原理を守る

教育の原理とは

①　教育を受ける機会の均等主義（しかし、きびしい選抜は必要）
②　教育対策として配転優先主義（比重＝経験6＋知識3＋意欲1）
③　現場（営業）経験重視主義（本部勤務期間の短縮）
④　技術知識の体系化主義
⑤　三〜五年ごとの多種類の資格試験制度

の五つと考える。

長期経営計画

したがって、「生涯設計」計画には、長期経営計画テーマとして　必ず次の三項目を入れなければならないのである。

①　労働条件の絶えざる向上
②　長期的なスペシャリスト育成教育制度
③　組織開発（登用・経験・知識の個人的供与対策）

右の生涯設計と能力開発とについては、拙著『チェーンストア 能力開発の原則』で詳細を読んでほしい。

2

間違いやすい考え方

1　チェーンが否定する言葉

こう考えてくると、チェーンストアは明らかに次の言葉を否定することになる。
残念なことに、ここに羅列した用語は、日本では逆にチェーンストア専門語とすら受けとめられてきているのが実情である。

その原因は、売上高の大きいことがビッグストアであり、店数の多いことがチェーンストアであり、しかも流通革命はとっくに終わったと思うといった、根本的な誤解のためである。しかし、そういう程度の表現にすぎないのならば、われわれがチェーンストア産業づくりにロマンを追求し人生をかける値打ちがないではないか。

・量販店（大売業）

売上高と販売数量が零細店よりも格段に多い店というだけの意味だ。

・繁盛店（混雑店）

過大な売場販売効率の店は混雑するだけで、客にとって便利な買物環境にないだけでなく、過大なコストがかかる。

たしかにチェーンストア経営システムを構築する準備段階として、この二つは実現できなければならない。だが、その店の売上高が多くなったとしても、それだけでは国民のくらしは、いっこうに変わったことにはならないのである。

- 名声店（Prestige Store）
- ファッション・トレンド店（Fashion Leader Shop）

　いずれも、高級品で高価な商品を売っている。それはときには本物や先端モデルを示すけれども、大衆が日常のくらしに気軽に利用することはできない。前者の展開は必需品の形で、後者はマス・ファッションの形で、チェーンストアは提供するのである。

- 自家製造

　チェーンストアは、製品の最終加工段階（販売単位の縮小化や組合せ、切断・加熱・混合などの簡単な加工）は担当することが多い（あるべき形は店舗の後方ではなくて、直営のディストリビューション・センターやプロセス・センターなどで）。けれども加工の大部分を担当しては、いつの間にか〝作る立場〟だけになってしまいやすい。使う側に立った抜本的な改廃もしにくくなる。だから、基本的には仕様書発注で生産者に作ってもらうのである。

- 大量仕入れ・大量販売

　一般にいわれているこの言葉の用法は、生産者がそのマーケティングとリスクの上に加工した製品を、そのまま仕入れて売る状態のときである。それで若干仕入値が低くなり、最終売価も少しは安くできる点で人々に有利である。けれどもその製品がもしも売れ筋になったさいには、多くの場合間もなく市場では品枯れ状態となり、入荷しなくなる。したがって、本当に大量販売されている品は、実は大量仕入れはできないことになりがちなのだ。したがって、チェーンストアが大量販売を継続し、さらに量を拡大したい時は、自ら集荷、さらに生産段階にまで手を広げねばならない。それがチェーンストアによるマス・マーチャンダイジング・システムづくりである。それは大量仕入れとはいわないのである。またナショナル・ブランドの品目ごとの大量予約発注の場合は、仕様書発注とか契約生産と表現するのであって、この大量仕入れという用語は使わない。

• 名目だけのメーカー直結・産地直結

これも同様に、①製品の仕様と、②集荷方法と、③物流システムとを、生産者側にまかせた時に生産者側が使いたがる言葉である。チェーンストア側が主導した製品開発や集荷ルートづくりの場合は、継続化とマス化のために中間段階の卸と物流機能も自らプロデュースしなければならない。しかし実際には肝心の集荷と物流を委託することが多いので、そのさいには直結とはいってはいけないのである。

• 中間段階の排除

これは、問屋・卸売業は無用であり、横暴であり、悪であるという間違った現状認識に立っているときに使われている。第I編第3章の7項で詳しく述べたように（93ページ以下参照）、金融ないし製品の仲介と物流を主な業務とする中間業者の企業数は減少してゆくはずである。しかし本格的なチェーンストアづくりの段階でも、集荷と保管と物流と以上の情報蒐集という機能を分担または下請けするベンダーは必要なことが多い。それらはチェーンストア経営のシステムのサブシステムとして、つねに何らかのベンダーは存在し活動するものである。

・現金仕入れ

日本では約束手形で支払わないというだけの意味で使われているいい加減な言葉である。数十日後に銀行振込みのさいも現金支払いである。したがって、商品と引換えまたは短い猶予期間で代金を支払うということなのだが、そうすれば安く仕入れられると大部分の人は思いこんでいる。しかし実は小規模店の場合にのみ通用するノウハウで、大規模化の過程では①支払いが契約どおりに確実に行なわれることと、②取引き数量が急増していくことの二つだけが不可欠条件なのである。支払いの早さはより比重の低い条件である。また資金ぐりは、月中の締め日とその清算日までの期間が問題である。チェーンストアは、現金と引換え型の仕入れは原則として行なわない。

・流通は暗黒の密林（米国ドラッガー教授説）

・流通業零細性の救済

これら二種類の表現は、日本の流通業の実態とあるべき努力方向をまったく無視している。江戸時代から今日までの日本の流通システムは世界と比べ、近代化という意味では早くから能率的にできている。逆に、生産財の流通あるいは製品製造業の仕組みは近代的ではない（96ページ参照）。流通業が零細だというのも、大部分の店は世界各国とも共通に零細であり、日本経済の特色とはいえない。日本では既にビッグストア（年商五〇億円以上の小売企業）による小売総売上高が全国小売業総売上高の五割以上になっている。しかしまだ本格的なチェーンストア企業はごく少数で、人々の日常のくらしを守り育て豊かにする能力では不充分である（第Ⅱ編第1章参照）。

・流通は物的販売時代からサービス販売時代へ

小売業もフード・サービス業も物的販売業である。それをいかに販売するかの業態対策はサービスのあり方と関連する。しかし、それは同時に必要であって決して移行する問題ではない。

・多角化

一社はまず一業種に徹しなければ成功しない。成功する場合は、同一客層・同一TPOSの範囲内である。ただし数十年後の乗りかえビジネスの準備は十年後には、始めていなければならない。

- 接客応対と大声のごあいさつ強化
- 還元ポイント増量・景品・福引つき
- 日替り・品種単位の特売
- レジ段階一斉割引・下取りセール
- 店内装飾の強調（芸術化・宮殿化）
- キャッチセールス

これらは正札販売の否定だから、あるべき姿は、ESLP（Everyday Same Low Price）である。

さて、これでチェーンストアの本質についての、日本に多い錯覚がご理解いただけたであろうか。

2　間違いやすい専門用語と考え方

続いて、チェーンストアを考えるときに間違いやすい専門用語の定義について明確にする（日本でのチェーンストアへの一般的誤解については、21～25ページを参照）。

「豊富さ」の意味

一概に「豊富さ」といっても、何の数が多いのかで、人によってまったく意味が違ってくる。さらにチェーンストアにおいても、何をもって「豊富」とするのかは、時代とともに変化している。その歴史をまとめたのが、表Ⅱ・2-1である。

また、その下にある表Ⅱ・2-2は、商品構成について、商品部バイヤーが職務として決定すべき項目だ。多くの企業でこの商品構成における経営軌道は、ムチャクチャなのである。しかし、その努力方向は、減らすのか、ふやすのか、それとも一定に保つのかのいずれかしかない。この表はチェーンストアとしてのあるべき方向を示しているが、実際の現場ではこの逆をやっている場合が多いのが現状ではないのか。私どもが主催するペガサスセミナー参加者に対し、このあるべき努力方向についてアンケート調査を行なうと、正解率が低い項目が意外に多いのである。

専門用語の正しい定義

表Ⅱ・2-3は基礎的な専門用語である。日々われわれが何気なく使っている言葉も、考えてみると意味をあいまいにしたまま使っていることが多い。しかもチェーンストアとして本来あるべき定義とは、まったく逆に受け止めていることも多い。これでは、努力をしても逆効果になってしまうのだ。

面倒がらずに、一単語ずつ、意味を確かめてほしいと思う。×印の欄が間違った考え方、◎印の欄があるべき正しい考え方である。

表Ⅱ・2-1　「豊富さ」の歴史的変化〈常に basic と Mass 化とがスローガン〉

<table>
<tr><th>西暦</th><th>1960 年代</th><th>1970 年代</th><th>1980 年代</th><th colspan="2">1990 年代</th><th>2000 年代</th></tr>
<tr><td>多くする</td><td>部門数</td><td>品種数</td><td>品目数</td><td rowspan="3">売れ筋の品目数</td><td rowspan="3">商品開発し売れ筋になっている品種数と品目数</td><td rowspan="3">コーディネートする品種と品目数（実用品の中で）</td></tr>
<tr><td rowspan="2">フォーマットの種類が増えた今日では</td><td colspan="2">購買頻度が同じ時のみふやす</td><td>値ごろ３品目のみ</td></tr>
<tr><td>適正規模の時のみふやす</td><td>コーディネートするもののみふやす</td><td>売れ筋のみにしぼる</td></tr>
</table>

表Ⅱ・2-2　商品構成上の努力方向
(〰〰印は単品と品目とのちがいに注目せよ)

(イ)　多くする
①同一価格の品目数（テイストの違う品目）
②体型・年齢世代ごとのサイズ（規格）数
③売れ筋品目ごとの陳列量（販売量に正比例）
④１品大量陳列（重点販売）の品目数
⑤商品開発した売れ筋品目数
⑥互いにコーディネートする品種数と品目数

(ロ)　少なくする
①単品（SKU）数
②スタイル数と色数と味
③価格ライン（売価の種類）数
④価格レンジの幅（売価の上限と下限の間隔）
⑤商品ライン（価格帯ごとの商品グループ）数
⑥品種単位の短期(１～３日間)特価特売（なくすこと）

(ハ)　統一する
①商品構成グラフの形と位置
②購買（使用）頻度
③（非食品）品種間の色
④（食　品）成分表示の程度

(ニ)　深さ（depth）と広がり（width）とをつくる

表Ⅱ・2-3　間違いやすい専門用語の正しい定義(1)

	専門用語		×	◎
A	品揃えの	レベルの統一	（無視）	使う立場（TPOS）から見て、価格帯と品質の程度、味わい（Taste）と買物（消費）頻度が類似していてチグハグしていない。・便利さ
B		深さ(Depth)	色とスタイルとの数が多い	・商品の強さ
			(1)売れ筋品種のみ品目が多く、他のより多くの品種はそれぞれの品目数が比較的少ない状態。 (2)さらに売れ筋売価にのみ品目が多いこと。 (3)さらに、品種ごとに売れ筋少数品目の陳列量が過大で、その他の過半数の品目の陳列量が過少な状態。	
C		広さ(Width)	ワン・ストップ・ショッピング（部門数をふやす）	店のイメージにつながる特定の用途（TPOSとルック）について、すべてその店で間に合うこと。
			具体的には、 (1)同時に使う品種と品目とが揃っていること（coordinationの第1段階） (2)さらに配色が調和していること（coordinationの第2段階）	
D	売筋	売れ筋	・売れている感じの品 ・補充頻度の多い品 ・発注頻度と発注量の多い品 ・販売数量の多いSKU	①この世に特にきわ立って販売量の多い単品 ②社内では品種ごとの総販売量中のパレート曲線A部門の単品で陳列量が販売量に正比例している時 ③客数の10～1％以上が購入する単品
E	欠品		・売り切れ品 ・ベテランが見て不足している感じの品 ・補充が直ちにされていない品 ・陳列面が凹んでいる部分	①標準化された棚割上(FSはメニュー)の不足品(売価も陳列量も) ②原因は5通り以上ある ③欠品は荒利益高と売上高上の重大な機会損失として換算する ④売れ筋商品の数量確保（欠品解消）はバイヤーによって第1の技術的能力である ⑤品質下限を下回った品目と数量とはPOSでは在庫でも、実質は欠品である
F	死に筋		・売れない（感じの）品 ・商品回転率の低い品 ・消化率x%未満の品 ・期間○○の間に1個も売れない品	①品種ごとに平均商品回転日数の1.5倍以上在庫している品目と数量 ②在庫年齢超過品目と数量 ③品質下限を下回った品目と数量〔売れ筋品目でも超過と不完全在庫数は死に筋〕

表Ⅱ・2-3　間違いやすい専門用語の正しい定義(2)

	専門用語	×	◎
G	ユニットコントロール	単品（SKU）管理	①商品を分類して単位を決め、その単位ごとの数量販売実績を、陳列数量比率と比例させること ②この単位は部門・品種・商品ライン・価格ライン・品目と細分化していく
H	未納品	足りない品	欠品原因の1つで、発注したのに店へ納品されていない品目数量
I	品切れ	在庫が零	①客が気づいた欠品 ②最低陳列量を割った状態 陳列量が適切なら売れたと推測される荒利益高は品切れによる機会損失である
J	品枯れ	他社も含めて入手できない品	①市場在庫が減少しても、わが社だけは入手できる状態が望ましい ②バイヤーの能力評価基準となる
K	実地たな卸し	・商品管理のためなのに金額で表現 ・常に金額とその数量のツケ立て、そのくせ推定荒利益率を使っている	金額表現→(1)資金管理用 (13週ごと)　(2)決算（税務）用 数量表現→(1)補充・発注目的 (毎週、隔週、月1回)　(2)欠品と死に筋防止向け
L	Specialization	個性化・専門化	差別化 (徹底することで、卓越すること)
M	売場分類	製造業産業種類の業種分類と同じ	① TPOS別・中分類 ②機能の違いがわかる中・小分類（店員に尋ねなくともわかる） ③衣料なら体型別の場合がある
N	拡張・拡大 (ライン・ロビング)	①商品ライン（価格帯）の種類数をふやす ②かねてからの希望品種と部門とを追加する	①値ごろの品目数をふやす　=Depth ②品目と陳列量とを正比例させる ③品目ごとの1回当りの補充量がふえることで補充頻度減へ ④商品レベル（買物頻度・必要商圏人口）を統一　= Width ⑤低価格帯の品目数をふやす、高価格帯品目数をカット —その価格帯の商品群を寡占する—

表Ⅱ・2-３　間違いやすい専門用語の正しい定義(3)

	専門用語	×	◎
O	Everyday Same Low Price	①在庫品の品種単位の一率値下げ特売 ②日替りまたは数日間のみ	① Hotter Item を Hotter Price で ②全部門で売れ筋を ③ポピュラー・プライスの中で ④常時（期間限定はしない）
P	仕入れ技術	想定をうまくあてる博（バク）才	売れ筋の追加補充集荷が継続できる技術（＝ベンダーへの顔の広さと深さ）
Q	ソーシング	サプライヤーを通じて加工場探し	自ら世界中に出向いて加工場と材料（仕掛品）探し
R	リードタイム（調達期間）	発注から納品までの期間	〔開発品なら〕加工期間
			〔仕入品なら〕発注から補充終了までの期間
S	バーティカル・マーチャンダイジング・システム	中間ベンダーの段階数が少数	リスクをわが社が負っていることだけが決め手
T	フェイスとフェイシング	フェイシングの意味でフェイスと言う	・フェイスは見せたい商品の表面のこと（６種類ある） ・フェイシングは陳列台にヨコに並べた商品のフェイスの数
U	DC、TC、PC、コミッサリー	物流施設（コスト比較は運賃のみ）	主任務は店でしない方がよいことをまとめて高度に行なうこと
		①商品管理（数量・品質）で店舗現場での欠品率を減らす ②現場の全作業量（総人時数）を大削減すること（店舗段階の人件費をまず減らせる） ③トータル・コスト計算では「①による機会利益＋②によって現場で削減された総人時数に匹敵する総人件費の合計」と、「投資コスト＋運営の直接コスト」とが比較されるわけ	
V	クリンリネス	きれいに保つための心がけと特別な肉体的努力	楽にきれいに保てる仕組み（掃除のための道具と動作と手順の仕組み）
より重要な用語	豊富さ	156 ～ 157 ページ	
	流通革命	112 ～ 118 ページ	
	観察・分析・判断	140、166、173、174 ページ	

豊かさ

営業政策の原点で起こりやすい言葉の迷いについて例を挙げよう。

第一の例は豊かさである。豊かさについて考えるときは、まず何の数の多いことかを突き詰めなくてはならない。

ライフスタイルの数ならば、「ライフスタイルを〝変える〟こと」ではなくて、ライフスタイルの〝種類をふやす〟ことを豊かさというべきだ。それは、TPOSごとに商品を使い分けられる状態、トータルコーディネーションを楽しめる生活のことを言うのである。

商品種類のことならば、部門数や品目数の増加が豊かになることではない。これがふえると、かえって商品を選びにくくなるだけだ。

ふやすべきものは品種数、プライス・ポイントにおける品目数、サイズ種類、ルックの数である。さらにもっと必要なのは、「互いにコーディネートする品種と品目数」をふやすことである。

これが現在の日本で最も遅れていることなのである。

そしてチェーンストアが考える豊かさは、毎日の、普段の生活の〝豊かさ〟であって、非日常向けではないのである。

第二の例は、総合化と専門化である。

総合化とはライン・ロビング（Line Robbing）、つまり同じ購買頻度、同じ来店頻度の商品群について、新しい低い価格帯に絞りながら、互いに関連する強力な（販売量の多い）品目を少しずつ追加してふやしていくことだ。それによってこれまでになかった低い価格帯で品揃えが行なわれるとき、この店をカテゴリー・キラー（Category Killer）と呼ぶのである。したがって、一か所でいろいろな買物ができること、つまりワン・ストップ・ショッピング（One-stop Shopping）とはまったく異なる概念なのである。

チェーンストアでは、ライン・ロビングをめざすが、単なるワン・ストップ・ショッピングは、逆にいろいろあるだけで、ショート・タイム・ショッピングとしては不便な業態とみなすのである。

一方、専門化はSpecializationの翻訳だが、「特殊化」と解釈すると意味が違ってしまう。正しくは「差別化」のことである。例外を減らすことに他よりも徹底することなのである。

チェーンストアの商品構成では、まず狙った客の購買動機にとって、豊富だと思ってもらえる品揃えが必要だ。それには適正規模の売場面積とウィス（158ページ参照）とを持つことが第一の条件である。「ウィス」の元の意味は拡大だが、拡げるといっても高級化や上質化することではない。

これと並行してデプス（158ページ参照）も必要だ。これは同じ用途の品は近似した値ごろ付近に集中して、品種数と品目数とを特別にふやすことである。さらに、その売価周辺での商品開発をふやすことで競争力をつけることになる。したがって、個性化、縮小化という方向とは違うのである。

顧客満足

顧客満足について、現時点で日本の消費者の欲望を充足させただけでは、チェーンストアによる生活水準の向上は期待できない。たとえば、かつては「良い品質」といわれていた「ウール一〇〇％」、「カシミヤセーター」は、イージーケアではないし、売価も高く、日常のくらしには「不向きな品質」である。したがって、くらしの豊かさとは無縁の品なのだ。チェーンストアは常に、大衆品、実用品で、しかもアフォーダブル・プライス（大衆が受け入れられる売価）で、かつ「使う」立場にとって「適切な品質」とは何かを、求め続けていかなければならないのだ。

売り続ける努力

店に行くとよく、「売り切れ御免」、「品切れ次第終了」というPOP広告を目にする。書店に行けば、「売り切り力」との書名の本や雑誌の特集を見かける。店頭に早朝あるいは前夜から客が並ぶという現象は、チェーンストアのある欧米では見

表Ⅱ・2-4　「売り切る」よりも、「売り続ける」ための努力

	目的	日常対策	制度対策	結果
死に筋	なくす	・売り切る ・売り逃げる	ライフテストと試売の制度化	①陳列量と販売量との正比例化 ②自主的棚割の全店標準化 ③商品による新たな暮らし提案
			エキスパートによるPOSデータ分析技術	
売れ筋	ふやす	・売り続ける ・追加調達 ・品質の向上	ソーシングの拡大	

かけない街のシーンなのだ。チェーンストアでのあるべき努力方向は、売れ筋商品を「売り続けられる」ように在庫量をどっさり確保しなければならぬ。それには、商品部の集荷能力、さらに追加調達（生産と物流）体制づくりが不可欠となるのだ。

「売り切る」ことと、「売り続ける」ことの違いを表Ⅱ・2-4にまとめた。

最近の時事用語

製品の安全問題がクローズアップされて、最近よく「品質責任」が話題になる。商品に品質上の問題が発生したとき、すぐに製造者あるいは納入業者（問屋、卸売業、代理店など）のほうに責任があると口にする小売業が多い。しかし、二〇〇七年に施行された「改正消費生活用製品安全法」でも、販売者側に責任があると義務付けがあり、同年の東京高等裁判所の判決でも「電気ストーブからの化学物質過敏症」について販売元つまり小売業の責任が認められている。もちろんチェーンストアがわが社で商品開発していれば、販売者イコール製造企画者である。消費者に対する「品質責任」は、一方的にチェーン側にあると考えるべきである。

一方、日本でよく耳にする単語に「トレーサビリティ」がある。これは生産履歴を表示しようという運動で、事件が発生した時に、遡って原因を追求するために必要な情報だ。ところが、店舗では、この「トレーサビリティ」がむやみにP

Rされている。事故が発生もしていないのに、なぜそれがいるのか。客にとって必要なのは、「おいしさ」あるいは「健康」あるいは「楽しさ」につながる情報のみである。生産履歴イコール「安全」の保障にはならないし、現に、生産履歴の詐称事件も頻発しているのだ。

そもそも安全と衛生管理ならば、HACCP（ハセップ）、ISO22000などのシステムを自社や取引先の加工場に導入すべきで、トレーサビリティはその管理項目の中の一つにすぎない。

「地産地消」も最近よく聞かされるスローガンである。さらに「フードマイレージ（食べ物の輸送距離）キャンペーン」がある。輸送距離が長いと、CO_2排出が多くなるので国産の食べ物を食べようというキャンペーンである。

だが、国産がすべて「よりおいしい」わけではないし、値段も割高になりがちだ。ましてやもっと狭い範囲での地域でベストの商品ができるわけがない。だからこれは客に対して、近所以外で作られるおいしい食品は食べるな、便利で楽しい商品を買うなという江戸幕藩体制への回帰、文明生活の否定なのである。

環境問題について、地球規模で将来を考えることは大切なことであるが、地球温暖化と結びつくと一般にいわれている品揃えが本当に適切なのかはもっとよく調べてから行動に移すべきと考えたいものだ。

チェーンストア用語としてあるべき解釈について述べよう。

(A)　現場主義

この言葉は、現場（店舗とセンター）にいる人の意見を聞くことに限定しがちだが、現場でミーティングすることで終わってはいけないのだ。

本来の意味は、現場で①実物を見て（さわって、読み取って）、②当事者に会って（事情を聞いて）、③関係者には直接質問して（答えを得て）から、科学的に検討することである。

この現場調査は、フィールド・ワークと呼ばれ、このあと科学的思考の手順として「観察」記録とその原因「分析」、さらに「判断（応急処置対策と制度づくり対策との起案）」、そして「実験」という手順をふむべきものである。

このさい技術的に本当に難しいのは、現場の人との個別対応（Communication）である。納得してもらえる状況をつくり出すことなのだ。

(B)　本部決定主義

セントラリゼーション（Centralization）とは集中化のことであって、本部の特定の人に決定権を任せてしまう集権化のことではない。

エキスパート（専門的技術者）が時間と経費とを十分にかけて、慎重かつ綿密に準備（調査・企画・実験）を繰り返してから、完全作業としてキマリを決め直すことだ。

①どの職位の職務か、②責任と義務の内容と範囲は、③教育単元は、④指導と監督担当は、といった大項目を組織管理上で位置づけることだ。

社内のベストのエキスパートにキマリについて権限（決定権と専属起案権）を集中するという意味であって、勤務地が本部建物とは限らないのである。

(C)「本部側に現場（店舗とセンター）側が要望を言える」こと

本部側は現場に対して、キマリと経営情報（数表と行動計画）を知らせ、その説明を細かくていねいにすべきである。これをインフォメーション（Information）という。それに対して現場は質問または反駁のチャンスを与えられるべきなのである。この後者の言動を現場から本部への要望というのだ。

これに対して本部側から納得してもらうための特別な努力をコミュニケーションと呼び、その技術を本部側の「個別対応」能力と表現し、高度のマネジメント力として高く評価されるのだ。

禁句集

最後にチェーンストアとして、不適切な言葉を挙げておく（表Ⅱ・2-5）。

表Ⅱ・2-5　チェーンストアとしての禁句集（不適切なコトバ）

1．ひとりよがり語　「営業力」、「現場力」、「経費管理力」

2．間違った評価尺度　①　売上高・荒利益高達成率（予算比、特に期首の）
②　地域一番売場販売効率店へ
③　あいさつ（呼びかけ）強化

3．間違った品揃え　①　地域一番品ぞろえ
（品目数を最多に、競合店の２倍の品目数を）
②　上質化・高質化
（百貨店と同じ高級品→ちょっと上質、コダワリ）

4．間違った販促　①　毎日、毎週全特売の入替え
②　食材からの調理過程を見せる
（①②→“鮮度感”、にぎわい）
③　タイムバーゲンの強化
④　店ごとの販促計画
⑤　地場製品の拡大（畑から売場への直送）
⑥　広域集客作戦
⑦　国際ブランド品の割引

5．間違った作業　①　日替り・品種単位特売（そのつど位置移動）
②　夕方集中加工（補充・特売）
③　店内加工品目と時間との拡大
（“作りたて”、“できたて”）
④　コダワリ商品を特別応対強化で
⑤　コワケ（少量）商品の拡大

6．本部（商品部）から店への要望　①　もっと売場で積極的な陳列をしよう
②　店で客に特徴を強調する演出をしよう
③　客に「売り込む」努力をしよう

7．方向ミス―店での工夫の強化
◇業務スローガン――「活気づくり」（常に売場がえとマイク売りこみ）
「おもてなし」（接客＝セルフ・サービスの否定）
[方法を明示しないで、店側に工夫せよと求めるのは間違いである]

第Ⅲ編

チェーンストア産業への道

1——まず、ビッグストア

1 現状否定からの出発

それでは、なぜ今、わが国でチェーンストアなのか。日本国内でビッグストア小売業だけでもおおよそ九〇〇社（商業センサス小売業企業数合計の二三〇分の一）、のべ約八・九万店（同一一分の一）、そこで働く一五七万人（同四分の一）の従業者たちの大部分が、日夜ハードワークでチェーンストアづくりに励んでいるのは、なぜだろうか。

その答を一言で表現すれば、そこにロマンがあるからだ。チェーンストアづくりと取り組む人々は、ロマンチスト（73ページ参照）なのだ。

あとで詳しく説明する（178〜180ページ参照）ように、チェーンストアは産業化しなければならぬ。その産業化には、半世紀以上も時間がかかる。それなのに何十年間も営々たる努力を継続できるのは、そこに企業としてと個人としてのそれぞれにロマンがあり、チェーンストア志向企業はロマンチシズムにあふれた職場だからである。

さて、このチェーンストアづくりというロマンを考えるさいの出発点では、日本人のくらしの現状否定ができなければならない。

一九七〇年代に入って、わが国民生活は中産階級意識が拡大し、「成熟社会」、「飽食時代」という時事用語がもてはやされた。他方、「個性化」、「多様化」という表現が、時流を語るときにはつねに使われるようになっている。マーケティング用語としては「上質化」、「コダワリ商品」、「感性商品」、などの日本独特のコトバが氾濫している。

いずれも風俗語である。なかには辛辣な社会風刺をこめたものもないではないが、そこからは国民生活を革新するための問題意識は出てこない。あるのは、ビジネスとしてなんとしても売り込みたい、売りつけたいという金儲け意識だけである。

したがって、売り込むための仕掛けをいかに巧妙に組み立てるかというノウハウはひねりだせても、生涯をかけて国民や社会のために何事かをやってみせるというビジョン（後述）は、決して生まれてこないのである。

なぜなら、それらの言葉は現状を是認するという立場から発生してきているからだ。国際比較をすれば問題点はすぐわかる現象なのに、「作る」・「売る」側の井の中の蛙の密室論義であり、経営の世界では穴探し、重箱の隅つつきにしかならないのである。現状肯定の立場から出発する以上、出てくるものは姑息なあの手この手しかありえないし、人手をかける値打ちのあるビジネスは生まれてくるはずがない。

われわれ商業の産業化を志す者は、手順として、①まず現在の日本人の生活が本当に豊かなのか、とくに毎日毎日のくらしが国際水準からみて成熟しているといえるのかと、慎重に観察（問題点を発見）してみなければならぬ。そこで数々の不十分さと錯誤とを発見したあとに、②その因果関係を分析（原因を推定）し、③不足を充足するための判断（改善策と改革案）をすべきなのである。

これは一言でいえば、現状否定の論理である。現状は不十分で大不足だからこそ現状改革が必要なのであり、それが改善ではなくて改革だからこそ、われわれの情熱の対象たりうるし、また改革だからこそ、その道に挺身することに生きがいが生まれてくるのである。現状肯定の立場からは、情熱をかけるに値するモノは何も生まれて来ないのだ。

ビジョン

したがってまずビジョン（Vision）が出発点である。それは現状を否定し、あるべき状態がたとえ今は到達できそうにない不可能事に見えてもあきらめず、限界という常識に果敢に挑戦していこうという構想のことである。したがって、現在考えうる〝可能性の限界をめざす〟ことではない（表Ⅲ・1-1参照）。

つまり、別の新しい「世界」「社会」を築きあげること、倍率で示せば一〇〇倍、一、〇〇〇倍をめざすことなのだ。

それは、もちろん短期になしとげうるものではない。長い道程が想定されるがゆえに、生涯の課題として取り組むに値するロマンになってくるのである。

平成年代においては、チェーンストア産業づくりこそ、日本の現代における最大のロマンであり、そのシステムを分業できるテクノクラートになることこそ、最も

表Ⅲ・1-1　混同しがちな2つの異なる軌道

A	ロマン	成りゆき
B	理想主義	宿命主義
C	生きがいとやりがい	やりがいだけ
D	人々の〝しあわせ〟につながる努力	自分だけ得する努力
E	ハードワーク	のんびり
F	長期計画	短期決戦
G	手順を踏む	思いつき
H	先例から教訓（定石）を<学ぶ>	我流アイデア <学ばない>
I	客数（店数）	売上高

生きがいをかけるのにふさわしいわれわれのビジョンである。

なぜならそれは、次の三つだからだ。

① 日本の社会で最も立ち後れた分野の改革であり、同時に日本人がいまだに看過しているわが国が後進的世界から転換するための革命運動であること。

② それは幻ではなくて、すでに欧米で実現されていることであり、

③ 的確な努力をすれば、追いつき追い越せることでもあること。

「ビッグストアづくり」は、準備段階として必要な過程ではあるが、それ自体はビジョンにはならない。たとえ、市内で一番店でも、年商一、〇〇〇億円を突破しても、株式上場しても、財界入りしても、政府局長級をスカウトできても、これだけでは単なる私的な野望に過ぎず、ビジョンにはならないのだ。

社会の変革をめざす「チェーンストアづくり」なら、企業としても、個人としてもともに共有できるビジョンとなる。

だから、そのゴールは、社会に望ましい仕組みを新しく築造していくという〝社会貢献〟によって、その社会（地域）に不可欠な存在（機能・活動・施設）つまり社会的インフラになることなのである。当然に数値上のバロ

メーターは、客数や世帯占拠率、販売数量、マス化品目数である。ついで店数と育成中の技術者としての従業員の人数と待遇なのだ。決して売上高規模ではないのである。

ビジョンが社会の改善・改革をめざした、本当の経営理念（コア・イデオロギー Core Ideology）となったとき、使命感が生まれ、情熱が情念となる。それが執念にまで高揚された時、〝志〟となるのである。

2 支店経営との違い

しかしここで明確にしておきたいことは、チェーンストアづくりは何度も明示したように、数十年にわたって行なわれる至難の命題である。しかも、人々のハードワークの連続がいる。それなのに、なぜ好んでそれを志すのかという疑問をもつ人々は少なくないだろう。

現実に、商業の世界での一応の成功モデルとしては昔から「繁盛店」があり、「成長店」も最近急増している。それらのモデルに似せたものがつくれれば十二分に食べていけて、しかも個人資産も一般のサラリーマンよりはるかに多額になる。

そのとおりである。一店巨大主義とか三店から七店までの支店経営方式は、せいぜい三〜一〇年間でできるし、ちょっと見には安全であり、それを成功と見て満足する人も少なくないだろう。ましてや、数十年の継続努力を前提にし、さらに多店化による倒産の危険をおかすとは、ということになる。

しかし単独店では、いや支店経営では、生計《たつき》の方途ではあっても、世の中は変えられない。日本人のくらしも向上しない。さまざまな潮流のいずれかに呑みこまれ、流されていくだけである。単に売場販売効率が近所の怠け者のお店より多い（繁盛店）とか、年商の増加率が普通のお店のレベルよりも多い（成長店）だけでは同じことだ。

たった一回だけの人生である。このかけがえのない一期一会の時々を、精いっぱい努力をしてみたい、けん命に生きているというあかしがほしい、あるいは多くの人々の幸福に貢献できたという自信と満足をもってみたくはないだろうか。別の言い方をすれば、積極的人生を志す人々に向く生きざまとは何かを論じてみたい。

だから私はいう。チェーンストア産業づくりこそは、ロマンチストによって築造されるものなのだ、と。

それには革命への明確な意志がいる。チェーンストアづくりは、革命を志す戦士の精神と技術によってのみ推進されるのである。

本書は、そうした同志に呼びかけるためのメッセージなのだ。

3　ビッグストアづくり

表Ⅲ・1-2をご覧いただこう。チェーンストア産業（Industry）づくりがなぜ半世紀計画になったか、を示そうとしている。もともと製鉄、製造、紡績、化学工業など、いずれの産業もスタートから成熟期すなわち社会的貢献期までに五〇～七〇年はかかっている。それはⅠ創業期、Ⅱ技術者育成期、Ⅲ企業の技術的開花期、Ⅳ同業企業集団化、Ⅴ寡占化と、段階を踏まねばならないからである。

ところで十九世紀以降、ビジネスの世界における貢献者は熟練した技術者集団だ。彼らが現代文明を築造してきたし、二十一世紀になってますます技術者の時代になっている。その育成には長い時間がかかるのだ。一九八〇年代から日本ではこれとは逆の人間像としての〝感性人間〟の出現が一部で推奨されているのは、まことにおかしな現象なのである。

では、アメリカのチェーンストア産業はどうやってできて来たのか。表Ⅲ・1-3が示すとおり、すでに十九世紀の半ばから大ビッグストアづくりというチェーン化の準備段階が始まっている。歴史的にチェーンストアが経済的効果をあげて活動が表面化するのは一九二〇年代だが、それ以前に実に七〇年間にわたってビジネス

表Ⅲ・1-2　Industry（産業）成立の条件

期	性格	期間
Ⅰ	創業期	10年間
Ⅱ	Man Power 育成期	20年間
Ⅲ	開花期	10年間
Ⅳ	企業集団化	10年間
Ⅴ	寡占化	10年間
計	産業化	合計60年間

〔註〕このあと、Ⅵ期が衰退期または転換期

表Ⅲ・1-3　歴史的経験と発展段階

	準備＝ビッグストアづくり	本格＝チェーンストアシステムづくり
アメリカ	1851年　～　1920年 （70年間）	1921年　～　現在 （80＋α年間）
日本	1961年　～　2000年 （40年間）	2001年　～ （x年間）

の基盤づくりが行なわれていたのである（もう一度35～40ページの年表を見てほしい）。

このアメリカのチェーンストア産業づくりをモデルとして研究し、その経験法則を活かせば、わが国では、期間を半分に短縮して追いつき、そして追い抜くことまでやってみよう。これがいつわりのない私どもの当時の願望であり、今日のわれわれの野望なのである。

そのためにはアメリカのあり方を、とくに成功と失敗との因果関係についての教訓を、徹底的にマークしよう。そして、彼らの半分の期間、四〇年間で一挙にビッグストア化を達成し、二十一世紀初頭にはチェーンストア産業の成立を、と意図したのである。

当初から、第一段階をビッグストアづくりとして四〇年かけ、人と資産を準備する。第二段階として二〇〇〇年代に入ってからは本格的なチェーンストアづくりと取り組んで日本国民のくらしの変革を実現、という段どりである。

二〇一三年、年商一、〇〇〇億円のビッグストアがチェー

ン志向だけで一〇二社もできている。ペガサスクラブ発足時のそれぞれの企業規模と比べると二百倍から四千倍という、とてつもない規模拡大があり夢が実際に実現されたように見える。しかし今日でもまだ、チェーンらしいチェーンストアはごく僅かである。それは決して、彼らが怠慢なためでも進歩が遅いのでもない。実際にアメリカの二倍の速度でそこまで来ているのだし、業界が行き詰まっているのでもない。当初からの半世紀にわたるわれわれの大野望計画は、五分の四の期間を経過したところなのである。

ここまで読まれた読者は、一九六〇年代終わりに経営マスコミが伝えた「流通革命燃えさかる」とか、一九七〇年代前半の「ポスト流通革命」論、一九八〇年代の「流通革命無能」説、「もはやスーパーの時代ではない」というスーパー没落論が、いかに皮相的であったかを想い起こされるであろう。

この言説をした人たちは、新産業がわずか数年で興亡すると思っているらしいし、年商一〇〇億円や一、〇〇〇億円の小売業を、何かとてつもない巨大事業規模と錯覚しているのである。売上高がそのくらいでは国民生活へ貢献できるパワーをまだもちえないことは、チェーン化の当事者のほうが十分にわきまえている。

われわれのビジョン実現の時期は、二〇一〇年代以降である。二十一世紀の初頭こそ、われわれの手によって〝くらし〟革命が実現するときである。その時期はあとしばらくだ。その想いを堅くそして熱く胸の奥で燃焼させながら、われわれは今、からだを鍛え、武器を磨いているときなのである。チェーンストア化企業は、二十一世紀初めに、ようやく二十歳の成年になったばかりの若武者なのである。

ビッグストアの目的

その基盤づくりが、ビッグストアづくりである。この際の準備対策の五本柱とは、

① 自己資本をふやす
② 法人所有の土地資産の拡大
③ 人材集め
④ 教育費の投入
⑤ 総売場面積（店数）をふやす

ことである。①と②は金融信用の拡大のために、増資と企業収益の蓄積、法人所有の固定資産（とくに土地資産）を増大することである。従来は店主の個人資産をふやすだけで、法人を大きくすることが大事だとは思いもしなかったのである。③と④とは、さきの熟練技術者集団づくりへのステップである。⑤は、マス化のご利益を拡げるためである。したがって、売上高が一〇倍になったときに、この五つの条件はそれ以上の倍率、たとえば二〇倍とか三〇倍とふえつづけていることが、ビッグストアづくりなのだ。

わが国では、年商一〇億円、一〇〇億円、一、〇〇〇億円とふえていくことがその企業の目的達成と解釈している向きが、学者や評論家や、ときには経営指導家の中にも数多い。しかし売上高がふえたところで、それはトップや大幹部のやりがいではありえても、決して生きがいにはつながらない。社会への貢献があって、初めてビジネスが一生のテーマになるのである。ビッグストアであるだけでは、個人の成功物語にはなりえても、人生の価値は断じて生まれてこない。

いわんや一般従業員の立場なら、わが社の売上高規模の拡大そのものに、なんの人生の価値があるのだろう。ビッグストアづくりの路線のはるか彼方に、われわれの手で日本国民のくらしを変革できるというビジョンがあるからこそ、人々は努力の限りを尽くせるのである。

思い違いしてはならないことは、ビッグストアづくりとは、あくまで本格的なチェーンストアづくりの準備段階だという点だ。それは革命の前段階であり、武器づくりの時代なのである。武器とは法人と技術者の力をつけることだ。それによって生活提案のできる、国民のくらしを変革しうる技術機関を構築することなのである。

結局、ビッグストアづくりという段階を簡単にいえば、不動産獲得業とマンパワー育成業を経営戦略の重点とすることである。

逆をいえば、ビッグストアづくりの間は、チェーンストアとしての熟練技術がないのだから、提供できるのは便利さの徹底だけである。だから業態の研究がまず必要なのである。

ビッグストアの限界

業態

この業態（Type of Operation for Selling）とは、販売（経営）重点の違いで分けた商売の種類のことをいう。それが便利さ、つまり客の人気をまず左右するのだ。「業態論」とはその時期にどんな販売形式（重点）がよいかの主張である。

以前は業態とは、商品・客層・集荷・販売システムなどの仕組みによる商売の分類のことで、問屋、卸売業、小売業とか、現金問屋、掛売屋、現金売店、セルフ・サービス店、月賦店、外販店などの種類のことだった。

しかし時代が進むと、管理システムの違いが重視されて、単独店経営や支店経営よりもチェーン経営を、といった業態論が強くなった。さらに、サバブ立地、駐車場、商業集積（ショッピングセンター内出店）、セルフサービス、スーパーストアなどが新しい業態論の主流になって来ている。

つまり、業態は基本的に五～一〇年ごとに変えていくべきものなのである（実例は表Ⅲ・1－4参照）。ビッグストアづくりの間、便利さの提供をモットーにするためには、あるべき業態の変化を追いかけていかねばならないのだ。

表Ⅲ・1-4　業態（Type of operation for selling）
〔ストア・コンバリゾンで注目すべき最大のテーマ〕

1．ことばの意味　①　その時点における主な販売方法（の特色）のこと。
②　客の人気（客数）をまず左右する。

2．わが国商業での業態論の時代変遷

	1950年代			1960年代			1970年代		1980年代	
×	掛売かけ値	商店街	小型店	定価	対面	支店経営	高級品	駅前立地	販促強化	フリースタンディング
○	現金正札	町外れ	スーパーストア	割引値	セルフ	多店化	大衆実用品	サバブ立地	教育強化	S.C.(集積)化

◇1960年代からは下段がそれぞれの時期に日本リテイリングセンターが主張し成功させてきた“業態論”

3．1990年代以降効果抜群だった業態テーマ

A．店舗　(1)　ワンフロアー（平屋）型（高い天井、明確な主通路、長い陳列線）
(2)　(より完全な)セルフサービス化
(3)　(小売業は)スーパーストア化
(4)　季節品と重点品目の販売（小売業では大量迫力陳列）
(5)　複数の核売場
（フード・サービス業は核メニューの組合せ）

B．SC　(1)　別資本の核が2種類以上の集積
(2)　テナント・ミックス(パパママ+支店+小チェーン+大チェーン)
(3)　オープンエア・センター
(敷地への出入りと、店前に駐車の便利さ)

C．共通案件　(1)　適正規模　(イ)　公道との関係
(2)　駐車のよういさ　(ロ)　駐車場内車路幅6m以上
(ハ)

客の滞店時間	20分	30分以上	60分以上
1台当りリース面積	8坪	5坪	3坪

4．20世紀中に完成できなかったテーマ
①ショート・タイム・ショッピング
②セルフサービス
③適正規模（スーパーストア化）
④SC（集積化）
⑤大型カート（160ℓ以上）
⑥店側サッキング

5．これからのテーマ

×	不便煩雑	よそゆき感性商品	作る立場売る立場	なんでも	ロングタイム	Moderate Price	単品販売1品個性	安全(当然)
◎	便利気軽	ふだんの生活提案	使う立場買う立場	レベル統一	ショートタイム	Popular Price	組合せ販売コーディネート	安心

しかし、この五〇年間変わらない業態スローガンもある。それは、「〝作る・売る〟立場から〝使う・買う〟立場へ」、「マーケティングよりもマネジメントとマーチャンダイジングへ」、「感性商品重点よりも生活提案」というチェーンストア独特の方向である。

業種

次に類似した単語に業種（Kinds of Business）がある。これは、主力商品部門と品種とで区別した表現だ。具体的には何を主力で売っているかということで、薬屋、菓子屋、魚屋、家具屋などと表現する。日本でも昔から商売を区別してきた概念である。

したがって、ビッグストアづくりの段階では単なる業種でも、チェーンストアづくりのさいには、アップスケール（Up Scale：脱皮）して、「業種」から「業態類型＝フォーマット」へと転換しなければならない。

フォーマット

それではこのフォーマット（Format＝業態類型）とは、いかなる意味なのであろうか。フォーマットとはアメリカで確立されたチェーンストア品揃え方式の分類用語で、私が現在日本で実現しようと努力しているチェーンストアの品揃えの基調を示す用語である。特定のＴＰＯＳだけで品揃えをするために扱い商品の価格帯を狭く絞りこむことで特色を出した商売の種類のことだ。

たとえばディスカウント・ストア、スーパー・スーパーマーケット、ファスト・フード・サービス、ポピュラー・プライス・レンジ・スペシャルティ・ストアなどで、アメリカのチェーンはすべてこのタイプなのである（詳しくは『チェーンストア経営の原則と展望』第Ⅱ編第3章参照）。それぞれ来店頻度が違い、必要商圏人口も違う。逆にその来店頻度と必要商圏人口とで統一された品揃えの店の分類である。

他方、ビッグストア時代ではまだ担当者たちが未熟で生産者に対して発言権もなく、みずからの開発力もなく、管理水準も低い以上（それは弱小企業である以上やむをえないもので）、商品対策は他の既存の力、とくにベンダーの力を上手に活用する以外にすべがないのである。

したがって、ベンダーに威丈高な強硬要求をするとか、メーカーを手玉にとるといった態度ほど、不遜な話はないのだ。小型商店ほどしばしば「問屋は横暴だ」と考えたり、問屋泣かせをしたりしたがるものである（もっとも、実際は必ず後日報復されているのだが）。だからといって、決して問屋の言いなりになれといっているのではない。純粋にコマーシャル・ベースで取引をし、むしろ問屋側のベテラン幹部に教わりつづける謙虚な態度こそが、初期段階ではあるべき態度なのである。

もっとも、そのためには強力な実力派ベンダーとつきあわなければならない。実際には年商一億円の時に取引するベンダーは、一億円並みのそれである。これでは学ぶところが少なく、将来への技術の向上は望みえない。より強力なベンダーへとつきあいを変えていってこそ、育成中の中堅の技倆も少しずつ向上していくのである。

では、強力なベンダーが弱小企業を応援することがあるのか。その答は、①その中小企業が大いなる野望（本格的ビジョン）をもち、②増資をし続けており、③年ごと月ごとにやりがい（異常なまでの増加率）を追求しており、④新卒の定期採用と教育費の大幅な投入による幹部育成に熱中といった姿勢があるときだ。そして決め手は、商業者として高水準の目標がその企業にあるかどうかである。

もっとわかりやすくいえば、零細浮遊、水泡のごとき存在からビッグストアへの飛躍方法を、お客に対する便利さの提供に専念することと徹しきっていることなのだ。具体的には誠実さ、面積拡大への熱意、低売価への執念、セルフ・サービスや多店化作戦――とにかく、こうした便利さを実現できるあらゆる手を使いこなすこと、それがビッグストア化のための経営戦略の内容だったのである。

なお、ビッグストア化のあと、切り替えるべきチェーンストアとの違いを経営課題という切り口で、一覧表にしたのが表Ⅲ・1-5である。

しかし、資本対策と人材・教育対策は、ともに長期的な「戦略」として共通であり、むしろ変化させてはいけないことなのである。

表Ⅲ・1-5　ビッグストアからチェーンストアへの切り替えスローガン

		ビッグストアから	チェーンストアへ
A	年　　代	アメリカ　1860～1910年代 日　　本　1960年代～1990年代	アメリカ　1920年代～ 日　　本　2000年代～
B	意　　味	チェーンストアづくりの準備段階	流通革命の推進
C	ご利《り》益《やく》	便利さの提供	"くらし"（質と量）の変革 （ライフスタイルの種類をふやす）
D	狙　　い	人材と法人資産の蓄積	商品・作業・管理のシステム変革
E	決め手	１店当り売場面積の拡大	標準化された店数
F	フォーマット	中商圏型	小商圏・高頻度購買型
G	商　　品	売れ筋の欠品をなくす	商品開発で新機能商品を創造する
H	売　　価	１～２割安	現在の２分の１ （Global Standard）へ
I	品　　質	作る立場から、 高コストなら高品質主義	使う立場から、 トレード・オフと トータルコーディネーション
J	ベンダー	まず強力なベンダーからの支援 ついでフル活用	段階と機能が異なる ベンダーを組合せる
K	立　　地	駅近く フリー・スタンディング	サバブ 来店頻度が同じテナントの商業集積
L	作業効率	士気高揚から作業の集中化と機械化へ	作業種類の大削減と単純化（１人当り食品15坪、非食40坪、FS業８坪を超えること）
M	経営効率の重点	売場販売効率（１坪年商）	営業利益率または１坪当り営業利益高

マンパワーの錯覚

日本の商業では、少なくとも昭和以降はマンパワー強化とは、店員訓練のことと指導されてきた。それも、朝礼で一〇分間や二〇分間教えるというのだ。

そのくせ、ほとんどの従業員は二十四、五歳で退職していく。三十六歳以降の男性は、店主に気に入られた番頭さんだけに限られる。このために、日本の小売業とフード・サービス業では経営者と従業員の間に二十歳分か三十歳分の年齢格差があるという、珍なる人事構成になっているのだ。

それはなぜか。いちばん明確な原因は、賃金原資が足りないためだ。

人を育てるには、三十歳代、四十歳代に見合う高額賃金を払える経営体質がいる。それなのに技術者を一五年、二〇年かけて育てていくだけの賃金支払い能力がなく、しばしば労働基準法違反を犯しているのが実態なのだ。

日本の流通業では以前は労組がないのが通例で、休日は普通年一〇〇日を割っていた。

本当は一二〇日はとるべきだ。一人当り年間労働時間は二、〇〇〇時間が基準だが、ほとんどの人は二、五〇〇時間オーバーで、しかも賞与は年間で四か月を超えるところは例外的である。

一九六〇年代、私どもがチェーン化産業づくりの旗揚げをしようとした頃は、大学卒の商業向け就職先は商社と百貨店だけだった。一般の小売店やフード・サービス業への就職は、店主の息子ですらも逃げ回ったものなのだ。特に教養の高い人物なら、絶対に就職するところではなかった。これでは、いかに繁盛店が生まれても立ち消えになるばかりであった。

意欲のある素質の良い人物をたくさん採用し、長期間の教育計画で国際水準の技術者たちを多人数育てることができる仕組みが作れなければ、商業は本来の社会的任務と経済的機能を果たせるはずがないのだ。

そのためには、まず何十年も勤務しつづけられるような良き労働環境づくりをしなければならない。それには世間なみ以上の高賃金の支払力、すなわち賃金原資としての高い労働生産性の確保できる作業のシステムを築くことが必要なのだった。

その突破口として私たちが見つけたのが、一九五〇年代からほうはいとして全国に巻き起こったセルフ・サービスとスーパーストア化旋風であった。この方式で、従来とはまったく違った高い労働生産性とビッグ・ビジネス化とができると、私は確信したのである。

そこでチェーン化、いやその前段階のビッグストアづくりは、わが国ではまずスーパーマーケット、次いでセルフ・サービス方式の非食品総合店（実際は『チェーンストア経営の原則と展望』で詳述する日本型スーパーストア）、さらにこれらの方式を教訓として変身した新しい型の大型専門店と低価格をモットーとしたフード・サービス業の形で猛ばく進が始まったのである。

ビッグストアづくり経営の特色

ところで、ビッグストアづくりの経営方針として私が掲げた手順を詳しく説明すると、大きな柱は、①アメリカのチェーンストアの歴史的発展段階ごとの研究と、その企業ごとの経営戦略とを勉強することによって、②経営方法の新しい原則を明確にして、③そのとおりに忠実に実行することの三点であった。

その内容は、

(1) 零細規模の克服対策として、①増資と、②廉価と、③店面積拡大と、④人材の定着との四条件をまずモットーとすること

(2) 第一段階は①一九六一年から一九九〇年の間をビッグストアづくりと割切って、②不動産拡大業と、マンパワー育成業とに専念し、③強力なベンダーに肩入れしてもらう状況をつくり出すことで、④財務的基盤と社会的信用を蓄積し、⑤合併を繰り返す

(3) 五年ごとに、重点課題（①部門構成、②価格帯、③立地、④一店面積）をダイナミックに変更しつづけ

(4) 人材対策としては①とりあえず上位階層は大物スカウト組でカバーし、はえぬき組としては、②大学新卒を、③定期的に、④大量に採用し、⑤二〇か年の

長期キャリアプログラムで、⑥一〇〇人以上を育てる

その頃から第二段階として、一斉に商品開発を主力とした革新的な経営システムづくりに入る

(5) この間、独特の共通の用語集で言葉の定義を明確化しながら、次のような教育体制を体系的に編成する

(一) 二十代　オペレーション（作業）をマスター

(二) 三十代　課題にチャレンジ（マネジとコントロール）

(三) 四十代　マネジメントとマーチャンダイジングでシステム創造

(6) この間、最初から経営理念とビジョンとの教育が繰り返し行なわれる

(7) 企業内労組が生まれ、生産性向上協力型のナショナルセンターに属している

（ただしまだ半数のビッグストアが未組織である。）（231ページ参照）

(8) 経営者の理念と生活態度とが従業員から尊敬されている状態だった。

これが日本リテイリングセンターの初期の指導原理であった。

同志の獲得

4　ペガサスクラブの発足

日本でのチェーンストア産業づくりの推進勢力は、私が主宰しているペガサスクラブという研究団体である。我田引水に聞こえても、実情を知る人々は何ぴとも否定できないはずである。一九六二年に正規に発足し、現在年会費を負担している会員企業が約五〇〇社。チェーンストア志向のビッグストアの大半と、さらにそのビッグストア化への過程の会社と団体（協同組合）とがメンバーである（228ページ表Ⅲ・2−5と巻末資料編267〜269ページ付表1参照）。

日本のチェーン化を語る以上、この機関の成立と発展の説明は不可欠なのだが、その背景として、ちょっと私事を説明しておかねばならないだろう。

私の学生時代は、次のように委員生活と学生運動の作戦幹部活動に明け暮れた。

・旧制第一高等学校時代――共済部（育英資金募集と通信添削事業）、寮（当時全寮制、二、〇〇〇人）食事部委員長（一九四六〜一九四七年、米は月五日分のみの配給時代、つまり生活物資調達委員長）、当時最大の学生による社会福祉ボランティア団体の東京学生同盟兵站《たん》部長（当時続発した洪水・地震災害地への救援学生部隊への、補給計画参謀）、旧制高校連絡会一高代表（のちに関東自治会連合、さらに全学連へと発展）、

ユネスコ学連全国協議会議長

・東京大学時代――緑会（法学部自治会）副委員長、東大中央委員会常任委員、東大新人会と学生総評（当時の全学連の主流国際派との対決勢力）本部常任委員情報部長、東大文化会常任委員、東大五月祭常任委員など

このあと読売新聞社に入っても、経済事件摘発キャンペーンを担当したあげく、一九五八年主任記者として週に一ページ分の編集をまかされたとき、みずから提案して「商店のページ」を創設し、当時の小売業とフード・サービス業の後進性を攻撃、商業としての社会的任務を果たそうという啓蒙キャンペーン論陣をはっていた。

この一連の活動イデオロギーは、社会改革である。新聞記者としての初期段階で早くも私は、日本の社会の最大の恥部は国民のくらしの貧しさであり、それを克服するためのシステムづくりがチェーンストア産業づくりだと確信した。日本では当時その萌芽として「主婦の店」運動と「東光ストア」（今日の東急ストア）と十字屋のチェーンストア計画があっただけだが、欧米にはモデル事例はいくらでもあった。

その方向づけを具体的に教示していただいたのは、亡き商業経営指導家の『商業界』主幹倉本長治、公開経営指導協会専務理事喜多村実両師であり、数術理論の上で直接バックアップしていただいたのが当時日本商業学会の中枢にいた新潟大学教授亡き川崎進一（東洋大学名誉教授）と亡き藤島俊（公開経営指導協会常務理事）、システ

表Ⅲ・1-6　ペガサスクラブ発足時の主な顔ぶれ

＜正規発足時＞　＜実験開始時＞

社名	氏名	1962(昭37)年現在		1960(昭35)年現在		2013(平25)年2月決算	
		年齢	職名	店数	年商(億円)	店数	売上高(億円)
イオン						(イオングループ)	
(当時岡田屋)	岡田卓也	36	社長(現在名誉会長)	3	18		
(当時フタギ)	二木英徳	26	営業部長(後にイオン社長)	4	5		
マイカル(前ニチイ)						9,491	75,144
(当時セルフハトヤ)	西端行雄(故)	45	社長(後にニチイ社長)	1	3		
(当時赤のれん)	岡本常男(故)	37	社長(後にマイカル副社長)	1	3		
ダイエー	中内㓛(故)	39	社長(後に会長兼CEO)	3	33		
イトーヨーカ堂	伊藤雅俊	37	社長(現在セブン&アイ・HD名誉会長)	1	5	(セブン&アイ・ホールディングス)	
ヨークベニマル	大高善雄(故)	54	社長	9	3	1,132	24,376
(当時紅丸商事)	大高善兵衛(故)	27	専務(後に社長)				
ユニー						(ユニーグループホールディングス)	
(当時ほていや)	高木久徳	38	社長(後にユニー社長)	8	10	2,026	9,008
(当時西川屋)	西川俊男(故)	36	取締役(後にユニー特別顧問)	3	3		
イズミヤ	和田満治(故)	30	専務(後に社長)	2	11	(イズミヤグループ) 325	3,279
大西(問屋)	大西　隆(故)	29	専務(後に会長)	／	37	／	(大西グループ) 562

［註］2013年2月決算の数字は、大西はHP、それ以外の企業は日本リテイリングセンター「ビッグストア基本統計2014年版」から（そのためFCの店数・売上高は含まない）。

ムス・インターナショナル社長（現会長）荒井好民、間接後援者が林周二（前東大名誉教授、流通科学大学教授）らであった（敬称略）（なお、林周二氏は中公新書『流通革命』〈一九六二年〉と『流通革命新論』〈一九六四年〉を出している）。一九五九年から私は休日のすべてを捧げ、自分の費用で全国の年商一億円以上の一、二〇〇店を訪問し、チェーンづくりへの革命同志を探して歩いた。

発足時の顔ぶれ

一九六二年、チェーンストア産業づくりの母体として研究サークル〝ペガサスクラブ〟を発足させた（第一回会合は四月二十八日〜三十日、箱根・ホテル小涌園）。

第二回ペガサスセミナー（一九六二年六月）までの主なメンバーは表Ⅲ・1-6のとおりである。主力は三十歳代後半、年商額は大部分が三億円から一〇億円の、単なる繁盛店であった。しかしいずれも、志を同じくする精鋭であった。後に年商一兆円組になった顔ぶれなのだ。

三年以内に、堤清二（故人）、上野光平、（当時西武ストア、のちに西友ストアー、セゾン・グループ、故人）、岩田孝八（長崎屋、故人）、高木吉友（忠実屋、故人）、大桑勇（オークワ、故人）、尾山悦造（十和のちにフジ、故人）、夏原平次郎（平和堂、故人）、樋口俊夫（ヒグチ薬局、のちにヒグチ産業）、北田光男（九州機材倉庫、のちにベスト電器、故人）らが加盟してきた。

一九六〇年代後半には、日本型スーパーストアのいせや（現ベイシア、後にカインズを分社）、マルエツ、ライフストア、ヤオコー、ヤマナカなどのスーパーマーケットグループ、しまむら、アルペン、アオキインターナショナル、鈴乃屋、チヨダ、ニトリ、西松屋チェーンなど、今日の専門店グループのリーダーたち、フード・サービス業では、すかいらーく（当時はことぶき食品）、ダスキン、吉野家ディー・アンド・シー、フレンドリー、サト、さらに藤田商店（のちに日本マクドナルド）、ケンタッキーフライドチキン、サイゼリヤなどが、そして後にホームセンターやドラッグストアに変身したコメリ、ケーヨー、ナフコ、ハックイシダ（現ＣＦＳコーポレーション）、キリン堂などの小売業が加入した。

顔ぶれをよく見ていただければ、百貨店以外の小売業界とフード・サービス業の今日のA級企業を網羅していることがわかるだろう。ただし、彼らがペガサスクラブに結集したときは、例外なく単独店または支店経営規模にすぎず、とりえは胸に抱くロマンの熱さだけだった。

一九六四年会員企業は一三三社、一九六六年四八五社、一九六八年九〇九社、翌一九六九年一、〇五九社に達したが、その後統合化と寡占化との進行で企業数は減っている（現在の社数は193ページ参照。主な会員企業は巻末資料編267～269ページ付表1参照）。

その理論武装用のセミナーは最盛期には年平均八〇本で、受講者は年約一万人に達した。

発足時の前提と方針

この団体の表面上の性格は研究サークルだが、本質は運動団体であった。その結社づくりの前提として、

(1) 小売業（のちに飲食店も含めて）が零細でありつづけることは、国民のくらしを低級に保つだけである、
(2) 欧米には、くらしを真に守り育てるチェーンストア〝産業〟がある。
(3) 日本にもそれができないような経済的・社会的障害は見当たらない、

という認識が、まずあった。そして、結社の基本方針を次のように決定した。

① これから半世紀、五〇年間以上にわたって努力を続けて、わが祖国日本に欧

米水準以上のチェーンストア〝産業〟を築造すること。

② 商業ビジネスを個人的な永続的な儲けの追求ではなくて、社会的なシステムとして新しい産業づくりをモットーとすること。

③ 互いに同志と思い、相互研鑽の場としてペガサスクラブを運営する。

④ そのために必要な政策と技術という経営の武器づくりの費用は、互いに拠金（これがペガサスクラブの年会費＝当初三万六、〇〇〇円、現在七万二、〇〇〇円〈税別〉）し、研究開発は同事務局としての日本リテイリングセンターが担当する。

⑤ 日本リテイリングセンターは、その研究結果をセミナーとコンサルティングと出版物の発行という手段で会員企業に普及する。

経営者の年齢層は、四十歳以上では①ができないし、さりとて金融信用をもつには三十五歳を超えねばならなかったところから、当初の会員は三十五歳以上の経営者の法人だけに絞られた（年齢不足の企業は、当時社長だったそれぞれの父が監督することになった）。そしてこの信託を受けて、私がプロモーター役を引き受けることになったのである。

出発時の現状認識と手段

5　五〇年間の政策と変化

ペガサスクラブが第一段階として最初の四〇か年でめざしたビッグストアづくり作戦は、さきの基本方針に基づき次の行動指針で推進された。

まず、出発点は百貨店経営の否定であった。当時、一般小売店の中で「商人道をモットーとする店」から「繁盛店」がどんどん生まれていたが、せいぜい年商一億〜三億円、突出組でも一〇億〜一五億円にすぎなかった。

これに対して百貨店は、地方百貨店でもすでに二〇億円を上回りはじめていたし、都市百貨店は一〇〇億円を超え、ナンバーワンの三越の年商は四五〇億円にも達していた。

しかし、百貨店の動向はまったく保守的であった。昔ながらのダウンタウンの繁華街立地、駐車場のない五〜八階建の高層ビル型旧式店舗、品揃えは高級化の一途でしかも問屋まかせ。硬直化した組織と低収益性がその特色であった。そのくせ、それが商業の世界では唯一の王様だったのだ。

われわれはこの百貨店方式を真っ向から否定し、「オーバーM」（〝三越を追い抜け〟の意味）が実際の共通スローガンだった（結局チェーン化組では一〇年後にダイエーが、その後数社が追い抜いている)。しかしそれには、新しい体系的な武器が必要であった。百貨店のまわりには百貨店問屋ががっちりとルートを固め、それら強力な問屋との取引はまったくできない状況でもあった。国民の信用も百貨店については絶大で、新興繁盛店の品は「安かろう悪かろう」という猜疑の目で見られていた。金融機関の態度も同様であった。

そこで、次の方法論をわれわれは採用した。

(1) アメリカのチェーンストア産業を徹底的に学ぶため、毎年米国視察を行なう。表Ⅲ・1-7参照。二〇一四年までに私どもが引率した視察だけで一万八、〇〇〇人を超え、わが国から海外に出たテクニカル・スタディ・チームとしては最大である。ビッグストア化企業では、課長以上で行っていない人はいないだろう。一回のツアーで視察先一〇〇か所、使用テキストはB5判約四〇〇ページ、現地の講義だけで二〇時間をオーバーしている。

(2) 概念(用語)の意味を明確にし、成功経験をテーゼ(行動原則)として法則化し、かつ体系づける。

『チェーンストアのための必須単語1001』㈱日本リテイリングセンター発行)は、一九六八年から二〇一四年末までに計二〇二版、九一万部。社内資格試験はここから必ず出題される。実験ずみのノウハウを理論体系づ

表Ⅲ・1-7　ペガサスクラブにおける年別セミナー参加者数の変化

	海外セミナー	国内セミナー
1962	0名	128名
1963 ～ 1965	55	3,503
1966 ～ 1968	613	17,777
1969 ～ 1971	1,137	30,786
1972 ～ 1974	961	22,174
1975 ～ 1977	1,389	23,933
1978 ～ 1980	2,417	24,051
1981 ～ 1983	1,589	20,045
1984 ～ 1986	1,305	21,792
1987 ～ 1989	2,067	28,397
1990 ～ 1992	2,004	32,775
1993 ～ 1995	1,309	22,777
1996 ～ 1998	1,033	18,247
1999	388	5,486
2000	310	5,566
2001	142	5,497
2002	188	5,890
2003	174	6,962
2004	206	5,636
2005	196	5,860
2006	170	5,617
2007	108	5,454
2008	266	5,397
2009	152	5,584
2010	153	4,388
2011	92	3,251
2012	126	4,438
2013	159	4,519
2014	104	4,104
合　計	18,813	350,034

〔註〕 2014年末までの集計。日本リテイリングセンター主催分のみ。
企業単位のセミナーは除く。

三大指導理論

けた政策セミナーと技術セミナーを、年約二五回開催（巻末資料編258〜261ページ付表3参照）、一九六二年四月から二〇一四年末までに二、六三九回、延べ約三五万人が受講。しかも遅刻・早退・雑談なし、全員背広姿のセルフ・コントロールが行きとどいた戒律的教室ムードである。

(3) 相互見学会

A級の現場を見学しあうこと。初期には互いに研修生を交換し、企業の枠を超えて詳細な質議応答会も頻繁に行なわれた。

(4) 事務局としての日本リテイリングセンターは、専門分野を明確にした経営コンサルタントの精鋭をそろえる。

コンサルタントは事例の視察と実験研究と現場フィールドワークと単行本執筆活動と意思統一で体系化を続けながら、絶えず新陳代謝し、努力継続がないと脱落するシステムをとっている。これは、日本では一人一業式の何でも屋・金儲け主義の自称コンサルタントが多いためである。

次にアメリカのチェーンストア産業と、日本のビッグ・ビジネスとしての製造業から導入され、私どもが日本で展開して来た指導理論は、

① 経営戦略（詳細は『チェーンストア経営の原則と展望』参照）

② 組織管理（詳細は右同書とダイヤモンド社『チェーンストア組織の基本』参照）とマネジメント・システム（実務教育出版『チェーンストアのマネジメント』参照）

③ マス・マーチャンダイジング・システム（すでに説明ずみ）

の三本立てである。

①は生業的その日ぐらしを克服してビジョン実現のためのもの、②は準備段階の背骨であるマンパワー育成、③はチェーンストア経営のあらゆる分野におけるノウハウの理論化である。

これらは、これまで日本の小売業とフード・サービス業ではほとんど話題になったことがない分野であった。工場経営の世界では一九五〇年代にはすでにわが国でも新しい管理と技術との理論体系が整備されつつあったのに、商業の世界では金融、取引契約、資金管理以外には伝承的ノウハウしか存在していなかった。関係学界でもマーケティング論はあってもマーチャンダイジング論は現在でもテーマになっていない。他方、アメリカでも単独テーマごとに存在はあってもアドミニストレーション（経営管理）という点での総合的体系化は、少なくとも単行本の形では一冊も存在していなかった。

なお、マス・マーチャンダイジング・システムを支える技術の体系は、次の八つの内容を含んでいる。

① クリエイティブ・マーチャンダイジング（Creative Merchandising）
② ユニット・マーチャンダイジング（Unit Merchandising）
③ バーティカル・マーチャンダイジング（Vertical Merchandising）
④ コーディネーション・マーチャンダイジング（Coordination Merchandising）
⑤ フィジカル・ディストリビューション・システム（Physical Distribution Systems）
⑥ マス・ストアーズ・オペレーション・システム（Mass Stores Operation Systems）
⑦ コンピュータリゼーション（Computerization）＝コーポレート・コミニュケーション・システム（Corporate Communication Systems）
⑧ マネジメント・システム（Management Systems）＝組織と計数と商品管理と業務の制度

したがって、一九六〇年から実質的に始まったこれらの体系化は、実に砂漠の中で肥沃な耕地を開拓するに似た、途方もない事業だったのである。しかし現在、前掲のすべての理論は、〝ペガサスセミナー〟で体系化されている。206ページ表Ⅲ・1-8に示すような「セミナー体系」と、254～255ページ付表5に示す「渥美俊一著書の歴史的発展」と258～261ページ付表3「日本リテイリングセンター発行チェーンストア関連資料リスト」等として結実中である。いまやアメリカ以上に言葉と理屈とが明確にされつつあり、チェーン化準備の武器は十分整いだしているのである。

協会の設立と行政側の対応

ペガサスクラブ主要メンバーが主力となって、一九六七年八月、対行政・対政治活動団体として別に日本チェーンストア協会を設立。会長中内㓛（ダイエー）、副会長堤清二（西友ストアー）、岩田孝八（長崎屋）、準備事務局長渥美俊一（正式発足後、青戸泰賢）、正会員三五社、準会員、特別会員三六社で発足した（二〇一四年一月現在通常会員五九社、賛助会員四四〇社）。その後、会長は岡田卓也（ジャスコ、現在イオン）、伊藤雅俊（イトーヨーカ堂）、西川俊夫（ユニー）、中原功（東急ストア）、清水信次（ライフコーポレーション）、高丘季昭（西友）らが就任。大きな政治力をもつに至った。

さて、当時われわれが意図していたこととその熱気とは、表Ⅲ・1-9に掲げた同協会創立当時の声明書をご覧いただきたい。草稿は私が書いたものだ。しかしながら、この協会の最初の事業は大学・高専向け求人書「チェーンストアへの招待」（B6判二八二ページ）の三万部発行と配布であった。当時一九七〇年前後はわれわれがマンパワー対策を第一としたところで、大学新卒側がまったく応募してくれそうもない哀しい状況にあったことをこのことは示している。

行政窓口は日本の行政常識からは当然中小企業庁管轄のはずであったが、当時の通産省商政課長故岸田文武（後に衆議院議員）の尽力で、当初から産業政策局管轄となっていた。当時の革新官僚の代表通産当局は、このときすでにチェーンストア志

表Ⅲ・1-8　ペガサスセミナー体系（定期開催分）

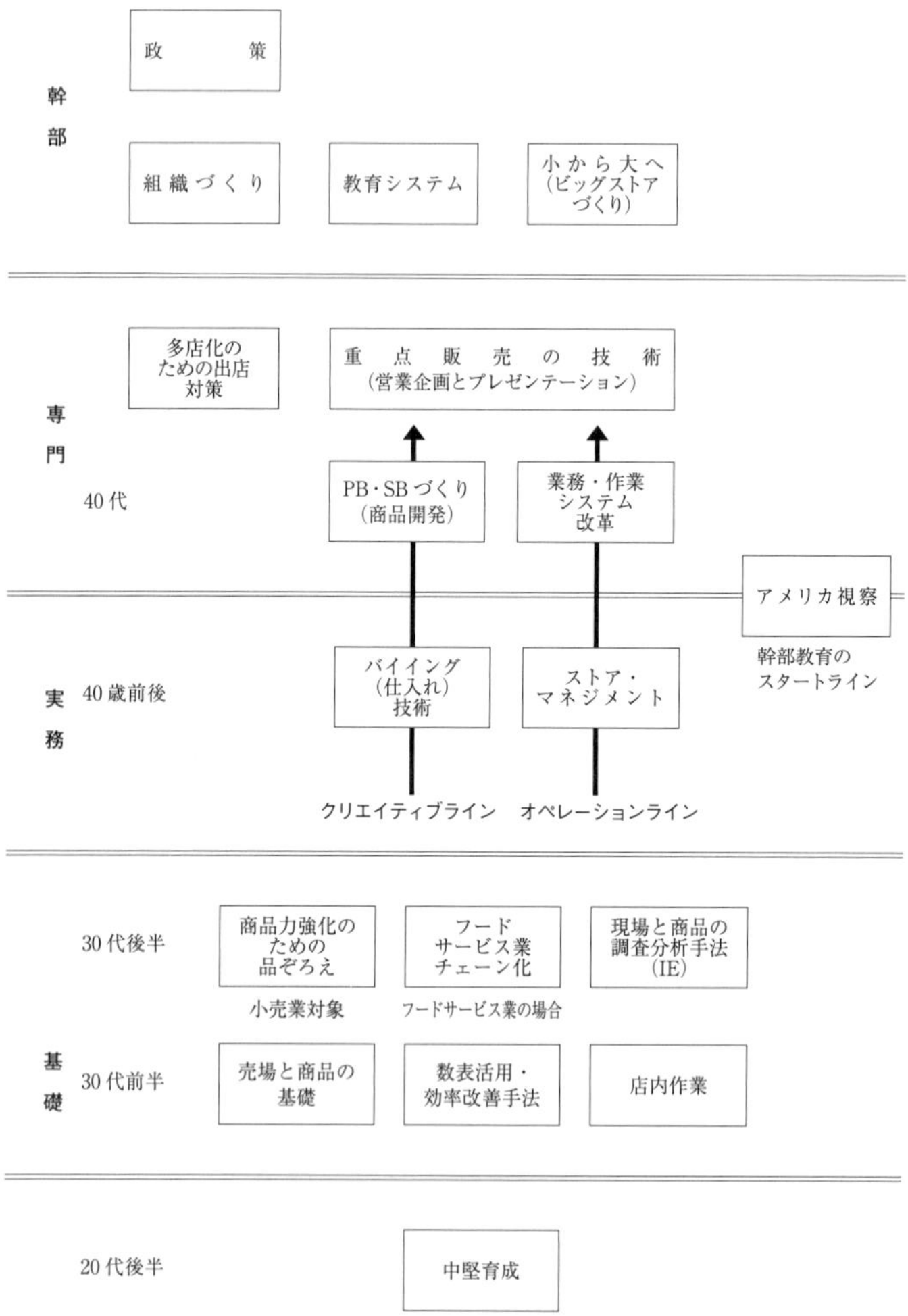

（日本リテイリングセンター主催）

表Ⅲ・1-9　日本チェーンストア協会発足にあたっての声明書

我々は、暗黒大陸といわれた流通業の世界に、自からの力によって新しいあるべき秩序を創り出そうとしている。

わが国の経済構造のゆがみとして、もっとも立ちおくれた業界と、つねに批判されてきた小売り業の中から、我々チェーンストアを志す一群の企業が雄々しく立ち上った。

零細なことが当然とされたこの業界で、年商50億円、100億円を越す大規模小売業が、すでにぞくぞくと出現した。

それは小売り業ではなくして、正しく大売り業であった。欧米先進国の事例からみても、近代文明社会ならば、小売業から、大売り業が育つのは、必然の論理（ことわり）なのであった。

なぜなら、それは、チェーンストアであるからだ。

チェーンストア組織こそは、中小企業であった小売り業が、巨大企業に成長する、ただひとつの道である。

なぜなら、それのみが、生産者による一方的な流通支配をはね返し、真に消費者の側に立って、消費財についての価格主導権を、確立する手段であるからだ。

かつて、我々の行手をはばもうとした妨害と、迫害を、我々は、はね返し続けて来た。

我々の成長の歴史は、そのまま物価切り下げの闘いの歴史（ふみ）であった。不屈の抵抗の連続であった。

しかし、いかなる場合も、消費者の立ち場にたって、考え、決断し、行動することこそ、我々のつねに変わらぬ、商業者としての姿勢であった。それを、たくましき商魂と、我々は呼んだ。

そしていつの場合も、賢明なる消費者大衆の選択が、我々を支持し、激励し、推進してくれたのである。

我々日本のチェーンストアは、消費者の満足と、より高い生活水準こそ、我々の創り上げるべき価値であると、信じて疑わない。

そして、そのためには効率のよい流通機構を、我々の手で創り上げようと決意する。それ故に、自由で公正な競争の場が確保されねばならない。我々はいかなる地盤協定および価格カルテルも断乎として排撃するであろう。さらに、消費者のためになるならば、国際的な連帯をも強化するであろう。

ここに、日本のチェーンストアグループは結集し、意見発表の場を確立した。まもなく我々は、わが国土に、清新にして強大なるインダストリーを誕生させるであろう。

それは、事業としても限りなく輝かしいバラ色の世界である。

我々は確信する。祖国日本の、豊かな社会は、チェーンストアの無限の発展によってのみ可能であると。


（1967年8月、渥美俊一起草）

表Ⅲ・1-10　民間設備投資計画（2014年度）

1	電気機器	3.8兆円
2	自動車	3.7
3	通信	3.6
4	鉄道・バス	1.9
⑤	小売業	1.7
6	化学	1.3
7	機械	1.0
8	鉱業	1.0
9	食品（製造）	0.9
10	不動産	0.7

〔資料〕「日本経済新聞」2014/12/1
（調査対象は上場企業と資本金1億円以上の有力企業1,315社、うち小売業は90社）

向企業群を中小企業としてではなくて日本の基幹産業の一つとして予見し、対応してくれたのである。一九六八年通産省は「流通近代化の展望と課題」を発表し、チェーンストア産業への期待をいち早く宣言した。

大蔵省、経済企画庁、日銀もまた一九七四年には早くも「民間新規設備投資額調査」の対象に、このグループを選びだしている。資本主義経済下における政府の経済政策決定は景気の現況分析と予測とを前提にしているが、通貨発行量や貿易収支、物価などと並ぶ重要な資料がこの投資額調査なのである。ここに選ばれた業界を、基幹産業と表現する。だから、すでに一九六〇年代からチェーンストア志向グループはわが国の基幹産業だ、と行政は受けとめていたのであった。

表Ⅲ・1-10は、日本経済新聞調べの場合で、小売業九〇社の数値である。チェーンストア化勢力約九〇〇社分の実態から見積れば少なくとも二兆円以上となるはずだ。

したがって二十一世紀はじめにこの業界の投資は、電気機器、輸送用機器（主に自動車）につぐ大産業になっている。

経営重点課題の変革

他方かつて日本の代表産業であった紙、紡績、造船、石炭などはこの種の表から脱落していることにもご注目願いたい。

一方、国際的には日本のチェーンストア企業は国際チェーンストア協会に参加し、その年次大会を一九七〇年に誘致以降、全米小売業協会（NRMA）、アジア太平洋小売業協会などの会合にも毎回参加している。

表Ⅲ・1-11は、ビッグストアづくりの四〇年間の過程と今後一〇年間の予定とを示している。主力形態が繁盛店→成長店→株式上場店→「資産と人材」の蓄積店へと変化してきていること、これからはシステムづくりの店になることで貢献店へと発展していくべきことを、明示している。

この表では、経営戦略の決め手を、「ビジネス活動」欄に示している。ビッグ化への営業活動の最初の取り組みは世間からみれば衝撃的であった。なぜならそれは、メーカー側の一方的な小売売価決定をはね返す〝定価破壊（Fixed price Destroyer,Price Burster,Price Breaker）〟の形をとっていたからだ。

さらに「主力形態」欄を注目してほしい。昭和二十年代は精神論に終始していたが、五十年代に入ると株式上場と資産と人材との蓄積が課題となり、続いて店づくりが重大な要素となった。つまり金と人との準備を経営重点においたのだ。

表Ⅲ・1-11　わが国商業半世紀の推移（実績と予想）

年代	本質	主力形態	ビジネス活動		ご利益	状況	潮流		
昭和20年代（1945～54年）	商業崩壊時代	商道店	誠実商法	経営理念	便利さの提供（セルフサービスとサバブ立地）	乱立			零細浮遊
同30年代（1955～64年）	手段模索時代	繁盛店	①株式会社化 ②計数管理 ③定価破壊				小売業のビッグストアづくり		
同40年代（1965～74年）	一部疾走時代（第1次再編成合併時代）	成長店	①低価格帯 ②増資 ③幹部への教育	総面積拡大		競合（中型商圏）		フード・サービス業のビッグストアづくり	チェーン準備時代
同50年代（1975～84年）	規模の（格差拡大時代）	株式上場店と資産と人材との蓄積店	①スーパーストア化 ②多店化 ③商勢圏拡大						
同60年代（1985～88年）	体質の（格差拡大時代）	リストラ店	①店と部門のスクラップ ②製品開発 ③小商圏ショッピングセンター出店 ④商品レベル統一 ⑤システム再編成（業務・作業・物流・IT）						
平成 1桁年代（1989～97年）	体質の（格差拡大時代）	リストラ店							
平成 2桁年代（1998～2009年）	競争力の（格差拡大時代）	流通革命店			＋生活提案（商品開発）	競争（小型商圏）	ビッグストア間の潰し合い		チェーンストアづくり
2010年以降	商業主権と企業倫理の確立時代	流通革命店	①3桁・4桁の店数 ②マネジメントとオペレーションの標準化 ③カテゴリー・キラー			寡占			

第一のチャンス（同30年代～同40年代）

第2のチャンス（平成2桁年代～）

こうした重点の特徴を大局的に見ると、昭和五十年代までは国民大衆に提供する〝ご利益《りやく》〟は、「便利さ」であった時代であり、二十世紀の終わりからぼつぼつと「生活提案」による〝くらし〟の変革実行期になっているのである。

換言すれば、これまでの営業上の決め手が業態（売り方）対策であり、これからは商品でレーゾン・デートル（存在意義）を内にも外にも問うことになる。その原動力こそがこれまで蓄積してきた法人資産とマンパワーであり、爆発の始まる時期は二〇一〇年代からというわけである。

さらに状況用語でいえば、長く続いてきた競合（中型店なら努力すればやっていける競争のない状態）から、いよいよ製造業界並みの競争（大型規模でも不適格なら倒産するような激しい販売合戦の状態）へと変換していくのである。その戦争勃発あるいは天下分け目の闘い時期は二〇一〇年代であることに、注目していただきたい。

さらに大局的に見ると、これまでは小売業とフード・サービス業それぞれにおける王座の交替期であったことだ。かつての王様は、前者では百貨店、後者ではホテル・レストランと利権をもつ食材業者であったが、それぞれチェーンストア志向の企業がとって代わった（114ページ参照）。

しかし、これからこそ本格的チェーンストアへの経営システム転換時代なのである。第一の契機はペガサスクラブの結成によって、流通の世界で小から大への成長方法が理解され、実現されたこと、第二の契機は一九九二年のビッグストアからチェーンストアへの切り換え宣言なのである。

なお、私が提案し、彼らの多くが実行してきた年度別スローガンを約三五年間分だけ表Ⅲ・1-12として揚げておく。

四つのS

これらは、三C主義（Change, Challenge, Competition――詳細は『チェーンストア経営の原則と展望』）におけるチェンジの重要性を示している。この変化を予測し、適応させるべき内容と手順を示してきたのが、ペガサスクラブの研究開発担当の私ども日本リテイリングセンターである。もちろん、それぞれを具体的に実行するための技術体系は用意しつづけてきたし、今後もそれを徹底していく決意である。

しかし、経営信条としては次の四S主義も理解していただきたいスローガンだ。

(1)　スペシャリゼーション（Specialization）

個性化、特殊化のことではない。これは正確には、あるべき形をより徹底させることで差別化しようというものだ。とくに提供する商品についていうのだが、それは結果である。手段は徹底的に合理化した作業体系である。この徹底の程度で競争をするのである。

表Ⅲ・1-12　ペガサスクラブにおける年度別政策重点の変化（渥美俊一提案）

年度	大スローガン	中スローガン
1975	アメリカに学び アメリカに追いつこう	①上場準備と社会的責任 ②業種転換と業態の開拓
1980	Corporate Identity の転換	①インフレファイターへの挺身 ②不振部門の手術 ③店舗のスクラップ&ビルド
1985	チェーン・システム 構築紀元元年	①作業システムの再編成 ②中堅教育システムの再構築
1990	ビッグストアから チェーンストアへ	①構造転換への着手 ②本格的 NSC と CSC づくりを
1995	"天下大乱" 時代の幕開け いよいよ疾走開始の年 教育対策がすべての出発点	①ニュー・フォーマットの実験を始めよう ②本格 PB づくりで相場を破壊しよう ③プロセス・マネジメントへ組替えよう
2000	21 世紀初頭への 軌道づくり	①モデル SC とモデル店づくりを ②本格的な PB づくりを ③抜本的な新資金対策と人材対策とを
2005	2010 年代への準備を 始動させよう	①３桁と４桁店数への標準化徹底 ②店づくりと品ぞろえとの努力方法の再編成 ③組織と計数の管理システムの再構築
2008	最も過酷な闘いの時代 2010 年代に向けて	①独走するための中期３カ年経営計画の策定 ②本格的チェーン化のために軌道を修正 ③転換プロジェクトの推進 ④そのための基盤づくり
2010	いよいよ 2010 年代、 闘いの時期。 生き残りから卓越への道をひた走る。	① Mass 化商品の拡大 ②業務体制の抜本的転換 ③計数管理制度の再編成 ④長期要員計画の再編成 ⑤ビジョンとイデオロギーの再構築

(2) シンプリフィケーション (Simplification)

簡素化だが、わかりやすくいえば単純化である。シンプルな時、よりクリアー(Simple&Clear:単純明快)に理解できるのである。それは、つきつめてあるから単純に見えるだけであり、単純だから実行しやすいし、ミスも起こりにくいし、コストも低くてすむのである。前提は調査と実験の繰り返しという研究であり、実務としてはあらゆる作業を未熟者でも確実にできる仕組みを、熟練者がキマリとして創造していくことである。

(3) スタンダーディゼーション (Standardization)

標準化。さきにも述べたように(138ページ参照)、これは単純に規格化のことではない。具体的には①道具と、②動作と、③手順とのキマリを決めること。それによって、仕事を、①楽に、②確実に、③早く、そして④低いコストでできるようにすること。そのためには習熟と修正とについてはあらゆる研究と工夫をこらす。だからそれは決して、画一化、人間の機械化、創造性の否定ではないのである。

ここまでが頭文字のSをとって三S主義だが、もう一つ追加する。

(4) セグメンテーション (Segmentation)

対象を狭く限定して、徹底して追求することである。いろいろ手を広げない、そのかわりに他よりもより完全に実現することだ。これによって、分業によるチームワークが進み、システムによる画期的なビジネス効果を狙うことができるのである。

以上の四Ｓ主義は、一言でいうとドライ商法だ。あれこれ中途半端で終わってしまうウェット商法とはまったく対照的なのである。言い換えれば、一番主義と集中主義なのである。

表Ⅲ・1-13　アメリカと比べて日本側の反省点

1．**この 10 ～ 15 年間、ビッグストアの規模拡大率は極端に鈍化している**
　① 直接にはマネジメントの崩壊（収益性が急速に低下）による
　② しかし本質は大手ほど自己満足に陥り、経営システムの革新性を喪失したためだ
　③ 上場企業も私物化ムードが拡大中

2．**100 店以上が 300 社できても、残念ながらチェーンストアによる「流通革命」はまだ始まったばかり**
　① 商品と店づくりと作業体系が進歩しない
　② マネジメント体制が崩れ始めている
　③ チェーンストアづくりの使命を忘れかけている
　④ 企業が倫理的・社会的任務を放棄し始めてる
　⑤ その結果、チェーンストアとしての最初の突破口
　　―小売業 200 店、FS 業 300 店突破企業数が少数

3．生業から家業へそして事業化するのは、人々の〝くらし〟を豊かにするためだ（一家の金もうけが目的ではない）
　① 売上高主義の経営が氾濫
　② 社会の公器としての自覚を、再確認すべき時

4．ビッグストアづくり（大年商目標達成）は、断じてゴールではなかった。それは本格的チェーン化システムづくりへの準備段階だったことを想起しよう

5．21 世紀初頭、我々は「何をしたか」よりも「何をすべきか」を、「生存か否か」よりも「いかに生きるか」の原点にまで戻り、確乎とした経営哲学（経営理念）を再建し、再出発しよう
　① **再生のためには、チェーンストア経営システム理論を再勉強しよう**
　② **短期計画ではなくて、長期経営計画で目標を起し直そう**

2

——チェーンストアへの出発

商業の革新スローガンと条件

1　二十世紀後半の成果と現状批判

もう一度、具体的に政策重点を整理してみよう。商業の革新勢力たらんとした多店化ビッグストア・グループが第一段階でやったことは、次の八項目だった。

① 理念――〝くらし〟の変革、商業の復権
② 人材の確保と育成――大学新卒定期採用と中途採用、スカウト、教育投資、教育カリキュラムの並行的継続
③ 資本調達――増資、高収益、回転差資金、上場の用意
④ 商品――くらしの商品、総合化、廉価割安
⑤ サバブ立地、適正規模化、ショッピングセンター化
⑥ マネジメント――チェーン独特の分業システムの組織づくり、責任と義務と報酬評価方式の明確化
⑦ 跳躍――新しいフォーマット開拓（『チェーンストア経営の原則と展望』第Ⅱ編第3章参照）、積極投資
⑧ 飛躍――合併、労組運営

これらは、いずれも商店経営における画期的な技術革新である。実例はほとんど

がアメリカのチェーンストア産業から学んだ（経験主義）のだが、日本ではこれまでに思いもよらなかった、まことに清新な初めてのことばかり（先制主義）であった。たとえば、②のマンパワー問題でも終身雇用制が日本企業の常識といわれるが、勤務先の流動性のトレンドは、この業界が一九六〇年代後半からすでに実行中で、終身雇用年功序列制を破壊した最初の業界なのである。

わかりやすい革新の事例は、表Ⅲ・2-1をご覧いただきたい。譲って、革命とはいわなくても、革新である。そのモチーフは現状否定と変化への挑戦であったが、その急所は五年ごとの変革である。ぜひ『チェーンストア経営の原則と展望』で詳しくご理解願いたい。

五年ごとの方針変更はふつう、企業としては不可能なことである。なぜなら、五年ごとにそのつど新しい研究と工夫が必要であり、失敗を覚悟しなければならぬ冒険テーマだったからである。

したがって、変革とは別名、経営体質手術を連続させることを意味している。彼らは実際に経営手術を繰り返して、脱皮と転換を繰り返してきているのだ。表Ⅲ・2-2は、そうした経験法則上の手術期のルールである。これは業種や業態、フォーマットあるいは年商規模で差があるのではなくて、店数規模別に節目があり、それを関所としてその直前に改革が必要、というわけなのである。

表Ⅲ・2-1　ビッグストアづくり初期における革新第1号一覧表

昭和28年	・スーパーマーケット	紀の国屋（東京青山）40坪
29	・生協スーパー	菊名生協（横浜）30坪
30	・問屋セルフ化	大西衣料（大阪）
	・衣料セルフ化	セルフハトヤ（大阪，現在ニチイ）
31	・主婦の店	丸和フードセンター（小倉）120坪
	・チェーン化スーパー	東光ストアー武蔵小杉店（現在東急ストア）
32	・主婦の店運動	大垣主婦の店
33	・スーパーストア	ダイエー三宮店
	〈日本セルフサービス協会設立〉	
	〈スーパー反対運動対東光ストア〉	
35	〈日本スーパーマーケット協会設立〉	
36	・配送センター	東光ストアー
37	・共同購入	日本大量仕入機構（東京）◇
	・チェーン化研究サークル	ペガサスクラブ◇
	・スーパーマーケット・セミナー	商業界主催「スーパーマーケット学校」◇
	・スーパーの年商100億円突破	ダイエー
38	・本部づくり	ダイエー◇
	・スーパーの合併	ニチイ（セルフハトヤ＋赤のれん岡本商店＋ヤマト小林＋富久屋）
39	・チェーン化専門コンサルティング機関	日本リテイリングセンター◇
	・ドミナント・エリアづくり	ダイエー◇
42	〈日本チェーンストア協会設立〉◇	
	・小売業で年商1,000億円突破	大丸（百貨店）
43	・大型合併	ジャスコ（四日市岡田屋＋姫路フタギ＋吹田シロ）◇
45	・国際大会	国際チェーンストア協会第14回年次大会(東京)◇
	・実質再販価格維持の法的統制	公正取引委員会が松下電器の独禁法19条違反の審決提示（定価破壊店への出荷停止の違法性確立）◇
47	・価格凍結宣言	ダイエー（2月）◇
	・スーパー年商が百貨店を追い抜く	ダイエー◇

〔註〕◇印は渥美俊一がプロモートまたは指導したもの。

表Ⅲ・2-2　多店化成長段階ごとの手術の定石

◇急所—店数規模ごとに標準化の精度を向上させ続けること

意義	標準化した店数	壁	武器	その時期に強化・再編成すべき職能	適期
初歩的管理	〈ガンバリズム時代〉～7店	ミス急増	①ビジョン ②廉価 ③スカウト	トップマネジメント（1、2人）	5店
	〈多店化時代〉15～25店	・数字が不正確に ・報告が抽象的に	①計算管理 ②積極投資 ③増資	サービス（事務）	15店
システム準備	〈新商勢圏時代〉30～50店	・自信過剰へ ・しつけは崩壊へ	①教育（配転と知識体系化）強化 ②商品部入れ替え ③大卒定期採用 ④現場と本部とセンターの分業	トップ直轄のラインスタッフ	30店
				スタッフ（財務と教育）の分離	
	〈第1建直し時代〉60～90店	・機会損失が増大 ・赤字部門の改善進まず	①活発なスカウトと中途採用・再訓練 ②資格試験制度 ③評価尺度変更（数値責任制へ） ④数表革命	トップマネジメントの入れ替え	50店
				サービス（事務）	
				商品部（大組織化）	
本格的チェーン転換	〈第2建直し時代〉100～180店	・無責任体制拡大 ・あしき官僚制蔓延 ・無能コンサルタントとのつき合い	①本部の減員 ②商品部組織変更 ③商品開発 ④品質維持 ⑤業務システム再編	同族整理	80店
				5職能・3階層の峻別	
				店舗運営（単純化）	
				幹部再特訓	
	〈ごりやく時代〉200～350店 それ以降も	・肩書き激増 ・ロマン喪失 ・現場の孤立	①長期経営計画 ・スペシャリスト大量育成対策 ・新フォーマット開発対策 ・M&A対策 ②ストアコンパリゾン（自社・他社）	サラリーマン・トップ分社責任体制	120店
				ラインスタッフとプロジェクト・チーム	

アメリカの事例に学ぶといっても、楽ではないのだ。最も困難だったことは、一店から一〇〇店までもっていくノウハウが、実はアメリカでは半世紀も前のことであった点だ。学びたい相手が死亡しており、歴史的表現はきれいごとが多すぎて、本当にわれわれの知りたい失敗原因を追求することに、私ども日本リテイリングセンターとペガサスクラブのパイオニアたちは苦労した。

成功事例よりも、失敗原因のほうが、初体験のわれわれにとっては貴重な情報だったからである。

もう一つは、アメリカ型を日本的に修正するノウハウである。人間生活としては日米同じであり、感覚も理論も共通であるものの、地価や原材料価格の違いから始まって、交通事情、製造業や問屋側のパワーの強大さ、モノの成分や社会施設水準の相違などが、眼前に立ちふさがっていたからだ。

元来国民性や常識や慣習、風俗の違いが日本ではしばしば強調されつづけている。私たちはそれを割り切って、違いのほうを直そうとした。しかし右に述べた条件は、あまりにもきつかった。それでも小人が巨人に立ち向かう勇気と方策とをもちえて、彼らはすくすくと強大化したのだ。

ビッグストアの急成長ぶり

その結果として彼らはどう成長をとげてきたか。表Ⅲ・2-3を見ていただこう。これは私が主宰するペガサスクラブ会員企業であり、三〇年以上私どもが指導を続けてきた企業だから、数字は信用していただいてよい。まさに驚異的な増資の早さで規模拡大が行なわれており、店数のふやし方が先述のとおり「積極投資」という言葉にふさわしいことがおわかりいただけるであろう。スーパー・グループだけではなくて、専門店やフード・サービス業やその他のサービス業まで事例として出してある。これこそ、後進の方々に無言の教訓を示しているはずである。

これをさらにまとめて全国の全企業という形で、一九六八年以来私どもが毎年膨大な作業量をこなしながら発表しつづけてきた「ビッグストア基本統計」をもう一度ご覧いただくことにしよう。114ページの表である。これは非ペガサスクラブ会員を含めての調査統計である。この表は、チェーンストア化志向のビッグストアがいかに急増したかを示している。

私どもが決起する以前の一九六〇年現在、年商五〇億円以上の小売業はわずか二一社、うち丸善一社を除いては百貨店のみだった。ところが半世紀たった二〇一三年九月末には、同九一二社。百貨店のビッグストアもふえたけれども、九割は革新新興勢力である。スーパーマーケットと専門店の企業数の多さや、総合店としてのホームセンターなどに注目されたい。

表Ⅲ・2-3　急成長企業の規模の変化

フォーマット	社名	設立年	上場年	2013(平25)年			2010(平22)年			2000(平12)年			1990(平2)年			1980(昭55)年			1970(昭45)年			1960(昭35)年		
				年商	店数	資本金	年商	店数	資本金	年商	店数	資本金	年商	店数	資本金	年商	店数	資本金	年商	店数	資本金	年商	店数	資本金
		昭	和	億円	店	億円	億円	店	億円	億円	店	億円	億円	店	億円	億円	店	億円	億円	店	億円	億円	店	億円
日本型スーパーストア	イオン	34(オカダヤ) 45(ジャスコ)	49	(連結) 56,853	491	1,990	(連結) 50,543	495	1,990	14,224	347	441	9,228	168	265	5,023	127	64	750	71	4	〈18〉 〈オカダヤの場合〉 25 (オカダヤ,シロ,フタギの合計)	〈3〉 －	〈0.3〉 0.4
	イトーヨーカ堂	33	47	13,322	174	400	13,878	174	400	15,089	176	466	12,581	138	333	5,697	92	75	350	19	2	5	1	0.08
	平和堂	32	56	3,299	134	116	3,271	123	116	2,784	83	116	1,747	61	87	800	23	4	50	3	1	0.3	1	0.05
	イズミヤ	24	48	2,999	89	390	3,222	87	390	3,552	75	390	3,356	61	238	2,003	52	26	356	36	10	11	2	0.03
	ベイシア	平9		2,816	107	30	2,742	98	30	811	56	10												
スーパーマーケット	ライフコーポレーション	36	57	5,203	231	100	4,688	208	100	3,833	186	100	1,459	70	25	515	42	5	39	9	0.6			
	ヨークベニマル	22	55	3,638	184	99	3,487	164	99	2,587	85	99	1,331	55	90	492	37	6	42	19	0.2	3	9	0.02
	カスミ	36	57	2,281	146	144	2,165	138	144	1,458	100	123	848	67	118	596	56	2	17	7	0.6	1	2	0.01
	マミーマート	40	平3	852	64	26	751	55	26	507	39	26	316	32	11	121	21	1	6	3	0.04			
生協	コープみらい	32		3,484	144	682	1,557	76	207	1,323	82	175	872	74	83	171	30	6	2.9	2	0.04	0.1	1	0.01
衣料スーパー	しまむら	28	63	4,883	1,773	170	4,080	1,588	170	2,006	651	135	530	129	97	93	23	1	8	3	0.1	－	1	0.03
ホームセンター	カインズ	平1		3,312	188 (内直営175)	32	3,316	168 (内直営158)	32	1,542	117	11	510	75	10									
	コメリ	52	62	3,053	1,126	188	2,718	988	188	1,078	414	116	264	83	26	45	9	2						
	ホーマック	51	平1	1,863	223	109	1,744	165	109	1,470	122	108	331	22	13	69	6	0.2						

	ケーヨー	49	59	1,808	184	149	1,743	180	149	1,540	115	149	746	52	93	100	21	2						
ドラッグストア・スーパー	カワチ薬品	42	平14	2,245	220	130	2,244	187	130	1,193	83	8	292	46	2	36	13	0.2	1	4	0.01			
	クリエイトSDホールディングス	58	平16	(連結) 1,819	377 (内直営2)	10	(連結) 1,490	317 (内直営2)	10	328	70	21	30	5	0.05	0.1	1	0.5						
専門店	ニトリホールディングス	47	平1	(連結) 3,310	268	133	2,837	212	133	489	50	66	132	18	19	35	8	0.4	0.3	1	0.3			
	アルペン	47	平18	2,026	387	151	1,862	356	151	1,375	376	2	811	237	2	62	6	0.2						
	AOKIホールディングス	40	平1	(連結) 1,605	933	232	(連結) 1,311	748	232	721	282	232	276	98	196	29	11	1						
	西松屋チェーン	31	平9	1,225	835	25	1,177	705	25	301	129	21	64	32	2	19	20	0.8	3	8	0.3	0.2	2	0.02
	キタムラ	18 (北村商会)	平13	(連結) 1,393	1,400	28	1,144	1,210	28	941	449 (内直営436)	15	366	113 (内直営103)	7	122	53	2	–	–	1	–	–	0.4
	チヨダ	11	60	1,083	1,101	68	1,138	1,192	68	1,714	1,551	68	1,212	1,062	68	227	234	3	13	34	0.4	0	1	0.01
CVS	セブン-イレブン	48	54	35,084	15,072 (内直営433)	172	27,849	12,753 (内直営601)	172	19,639	8,153 (内直営367)	172	7,803	3,940 (内直営75)	171	1,098 (内直営43)	801 (内直営46)	10						
フードサービス	ゼンショーホールディングス	57	平9	(連結) 4,175	4,629	100	1,622	1,527	100	174	261	30	20	50	1	0.9	5	0.09						
	吉野家ホールディングス	33	平2	(連結) 1,645	2,204	102	(連結) 1,796	2,363	102	778	735 (内直営447)	102	400	415 (内直営264)	102	158	217 (内直営77)	0.2	3	3	0.1	0.5	1	0.01
	サイゼリヤ	49	平11	1,022	982	86	962	842	86	397	344	86	37	32	0.4	4	6	0.01						
サービス	ダイナム	42		9,119	353	50	8,571	325	50	3,905	81	20	390	26	7	10	2	0.6	3	2	0.02			

〔註〕1.〈 〉は合併前に年商大だった企業の数字。
2. 上場以降は上場企業名の有価証券報告書に基づく。それ以前は日本リテイリングセンター調査による。
3. 数字は、いずれも該当年中の決算時のもの。
4.「イオン」の2013年、2010年の店数は「イオンリテール」の数字。
5.「イトーヨーカ堂」と「セブン・イレブンジャパン」は2005年、「ヨークベニマル」は2006年に持株会社で上場、単体での上場廃止。
6.「コープみらい」は2013年3月に「コープとうきょう」、「ちばコープ」、「さいたまコープ」が合併して誕生。2010年以前は「コープとうきょう」の数字。
7.「ホーマック」は2006年に持株会社で上場、単体での上場廃止。
8.「吉野家ホールディングス」の2010年以降の店数は直営とFCの合算。

次に、資本系統別にこれを示してみたのが表Ⅲ・2-4である。年商三、〇〇〇億円を超えた上位三七グループである。わずか三七資本グループで三三％超の小売業占拠率だ。寡占化の進行状況がよくわかるであろう。

この表でペ印が、現在のペガサスクラブ勢だ。さらに百貨店組でもその関連（子）会社でチェーン志向企業が加盟しているグループもある（企業別の状況一覧表は巻末資料編267〜269ページ付表1参照）。

占拠率の意味するもの

しかももっと大きな問題は、小売業占拠率である。

百貨店は一九七五年をピークに徐々に低落し現在は五・八％、これに対してチェーンストア志向組は一九七〇年の六・四％（百貨店の五分の三）が、一九七五年には追いつき、さらに一九八六年には二〇％を超え、百貨店の二・五倍へとまったくの逆転をした。それ以後占拠率は五倍を超えた。

そして、二十一世紀初頭にはビッグストアグループはフランチャイズ・チェーンのコンビニエンス・ストアを含めれば全国小売業占拠率は約六割に達したのだ（表Ⅲ・2-5参照）。つまり日本の小売業は、ビッグストアにより寡占化状態になっていくのだ。世にいわれるような「零細企業が特色」なのではない。先進国なみになったのである。それはわれわれチェーン化志向勢力が主導したものだ。なぜなら大衆

表Ⅲ・2-4　小売売上高3,000億円以上の資本グループ順位（2013年決算時）

ぺ印はペガサスクラブ会員企業、・印は百貨店

A表．FC売上高を含む資本グループ順位

順位		グループ名		小売売上高（億円）
25年	24年			
1	1	ぺ	イオングループ	78,561
2	2	ぺ	セブン&アイ・ホールディングス	56,266
3	5		ローソン	19,065
4	3		ヤマダ電機グループ	18,605
5	4	ぺ	ユニーグループホールディングス	17,531
6	6		ファミリーマート	15,846
7	7	・	三越伊勢丹ホールディングス	12,419
8	10	・	髙島屋グループ	8,749
9	8		ビックカメラ	7,967
10	13	ぺ	ベイシアグループ	7,791
11	11	・	J.フロントリテイリング	7,675
12	15		ファーストリテイリング	7,428
13	9		エディオン	6,851
14	12	ぺ	ケーズホールディングス	6,375
15	14		ヨドバシカメラ	6,372
16	17		ドン・キホーテ	5,332
17	16	・	東急グループ	5,139
18	18	ぺ	ライフコーポレーション	4,946
19	19		しまむら	4,874
20	21		マツモトキヨシホールディングス	4,776
21	20	・	エイチ・ツー・オーリテイリング	4,766
22	22	ぺ	DCMホールディングス	4,288
23	25	ぺ	アークス	4,272
24	24		サンドラッググループ	4,074
25	26	ぺ	バローグループ	3,975
26	23		上新電機	3,660
27	29		大創産業	3,519
28	−	ぺ	コープみらい	3,484
29	30		スギホールディングス	3,436
30	31	ぺ	ニトリホールディングス	3,418
31	28	ぺ	平和堂グループ	3,360
32	−	ぺ	コスモス薬品	3,293
33	27	ぺ	イズミヤグループ	3,279
34	−		イズミグループ	3,187
35	−	ぺ	コメリ	3,095
36	32	・	近鉄グループ	3,080
37	33	・	丸井グループ	3,015
FCを含む合計小売売上高				363,769
37資本グループによる全小売業内占拠率				33.8%（平成20年31.3%）

B表．レギュラーチェーンのみの資本グループ順位

順位		グループ名		小売売上高（億円）
25年	24年			
1	1	ぺ	イオングループ	75,144
2	2	ぺ	セブン&アイ・ホールディングス	24,376
3	3		ヤマダ電機グループ	18,608
4	4	・	三越伊勢丹ホールディングス	12,419
5	7	ぺ	ユニーグループホールディングス	9,008
6	6	・	髙島屋グループ	8,749
7	5		ビックカメラ	7,967
8	8	・	J.フロントリテイリング	7,675
9	10	ぺ	ベイシアグループ	7,485
10	13		ファーストリテイリング	7,428
11	9		エディオン	6,851
12	11	ぺ	ケーズホールディングス	6,375
13	12		ヨドバシカメラ	6,372
14	15		ドン・キホーテ	5,332
15	14	・	東急グループ	5,139
16	16	ぺ	ライフコーポレーション	4,946
17	17		しまむら	4,874
18	19		マツモトキヨシホールディングス	4,776
19	18	・	エイチ・ツー・オーリテイリング	4,766
20	20	ぺ	DCMホールディングス	4,288
21	23	ぺ	アークス	4,272
22	22		サンドラッググループ	4,074
23	24	ぺ	バローグループ	3,975
24	21		上新電機	3,660
25	−	ぺ	コープみらい	3,484
26	27		スギホールディングス	3,436
27	28	ぺ	ニトリホールディングス	3,418
28	26	ぺ	平和堂グループ	3,360
29	−	ぺ	コスモス薬品	3,293
30	25	ぺ	イズミヤグループ	3,279
31	−		イズミグループ	3,187
32	−	ぺ	コメリ	3,095
33	29	・	近鉄グループ	3,080
34	30	・	丸井グループ	3,015
レギュラーチェーンのみの合計小売売上高				281,206
34資本グループによる全小売業内占拠率				26.2%（平成14年19.7%）

〔註〕1．この表でいう小売売上高とは、テナント、海外、通販、食堂、喫茶、卸、FCロイヤルティ、調剤薬局、不動産賃貸収入、劇場、貿易、旅行などの売上高をできる限り除外したもの。

2．同一資本系を一つに集めて小売売上高3,000億円以上になるものだけを拾い上げた。ただし小売売上高50億円未満の企業は除外した。

〔資料〕　日本リテイリングセンター調べ・ビッグストア基本統計2014年版

表Ⅲ・2-5　全国小売業内フォーマット別売上高占拠率変化

単位：%

フォーマット ＼ 決算年	2013 平 25	2010 平 22	2000 平 12	1996 平 8	1990 平 2	1980 昭 55
百貨店	⑤ 5.8	⑤ 6.1	④ 7.3	③ 7.9	② 8.0	9.0
日本型スーパーストア	④ 6.0	③ 8.0	① 8.9	① 9.5	① 9.1	
スーパーマーケット	① 13.4	② 12.5	③ 8.7	② 8.2	③ 5.8	14.0
ホームセンター・オートセンター	⑦ 3.4	⑦ 3.4	⑤ 2.5	2.1	0.9	
コンビニエンスストア (FC 含む)（註 2）	③ 8.6	④ 7.9	0.3	0.4	0.05	
ドラッグストア	⑥ 4.3	⑥ 3.7	0.9	0.3		
専門店	② 12.4	① 12.8	② 8.8	④ 6.7	④ 5.2	3.0
その他のフォーマット（註 3）	5.0	4.3	3.2	4.0	2.8	0.5
全フォーマット合計	58.9	58.7	40.6	39.1	31.8	26.5

［註］1．小売業総売上高は、経済産業省発表「商業動態統計」の小売業総売上高から、自動車と燃料の小売業売上高を差引いた金額である。なお、1990 年は燃料小売売上高が未発表のため、1988 年「商業統計表」の同金額を差引いた。「商業動態統計表」発表以前の 1980 年は、「商業統計表」から自動車と燃料の小売売上高を差引いた金額を用いた。
2．ビッグストア統計では無店舗販売を出来る限り除外したが、「商業動態統計表」では無店舗販売売上高が含まれ除外が不可能である。そのため、無店舗販売を除いた実際の占拠率は高まる見込み。
3．1996 年はビッグストア企業数が最大となった年。
4．コンビニエンスストアの 2000 年以前は FC を含まない数字。
5．その他のフォーマットとは、衣料スーパー、バラエティストア（ワン・プライス・ストアを含む）、総合・ディスカウント（2000 年以前はディスカウントハウス）、生協のこと。1990 年以前は他に月賦店を含む。
［資料］日本リテイリングセンター調べ・ビッグストア基本統計 2014 年版

◇ペガサスクラブ会員企業の影響力

(A)　ビッグストア内の会員企業数

総売上高	ペガサスクラブ会員企業数	同会員企業のチェーン志向ビッグストア内構成比
1,000 億円以上	60 社	59%
1,000 億円未満 500 億円以上	37 社	33%
500 億円未満 50 億円以上	119 社	19%
合　　計	216 社	26%

全ビッグストア（含百貨店）内企業数の構成比は 24%

(B)　その総売上高　22 兆 952 億円

チェーン志向ビッグストア内	45%
全ビッグストア内	40%
全小売業内	21%

品、実用品の世界では既に七割を超える実質占拠率になっているからだ。ということは、チェーン化勢力はいつの間にか、国民のくらしを左右する生活財提供権力をもちはじめているのだ。

「消費者のライフスタイルが変化し、それにつれて購買傾向は大きく変化している」という意味のニュー・ライフスタイル論がかまびすしい。しかしながら、大部分の国民が、いったいどこでそれを買っているのであろうか。彼らに対し気軽に、安価に、そこでいわれるような品を提供する店がないかぎり、その実態なるものは絵空事である。

零細店に対して「ショッピング・ビヘイビヤが変化しているから扱い商品を変えよ」とは言いえても、このビッグストア勢力に対しては断じて言いえないはずだ。彼らが売るモノと売り方を変えて初めて国民のくらしは変化するほどに、現実は進行中なのである。

だからこそ、チェーン志向企業に従事する人々は、日本国民のくらしの実態と水準とを左右する立場になりつつあることを、この上なく深刻に自覚しなければならない。経済産業大臣や大手メーカーの社長たちよりも、はるかに実質的な国民のくらしの守護者であり、あるいは逆に破壊者にもなりかねないのである。よりよくするためのハードな研鑽が、少なくともその幹部たちに要請されるゆえんなのである。

資本力

先の占拠率は業界の誇りというよりも、自己反省の材料であることを、くれぐれもこの業界の人々に認識してほしいのである。

このほか、わかりやすい到達点を示してみよう。株式の上場は、ペガサスクラブ発足時の一九六二年現在ではいかにも幻に近かった。資本金がたった一〇〇万円から四〇〇〇万円級であったことは、前掲の表Ⅲ・2-3をご覧いただければ、わかるだろう。それを望むことが狂気の沙汰といわれても当然だった。けれども、それは当時からのビジョンの一つであった。

そして、表Ⅲ・2-6のように、チェーン志向小売業だけで二六八社（ペガサスクラブ会員企業は一〇四社）が、堂々とビジネスとして一人前になってきている。外人株主もふえ、特に機関投資家グループからは最大の注目を受けている。もちろん、社債も活発に発行されている。

株式を上場することによって企業は社会的公器となるわけだが、他方恵まれるのは創業者一族だけではない。長年貢献してきた幹部にとっても、上場数年前から株式を持つことによって、時価評価による個人資産拡大もできてきている。

表Ⅲ・2-6　チェーン化企業の株式公開別上場企業数
（チェーン化志向フォーマットのみ）

株式公開開始年	期間内企業数	日スと衣料スーパー	SMと食品DH	DgS	HCとオートとVS	CvS	専門店(酒含む)	FS	サービス
昭36～45年	3	2	0	0	0	0	0	1	0
46～55年	22	11	4	0	1	1	3	1	1
56～平2年	74	7	13	3	15	0	21	11	4
平3～7年	52	0	13	1	8	3	12	13	2
8～12年	45	2	4	4	6	2	11	9	7
13～17年	28	0	5	7	2	0	3	8	3
18年～	30	0	3	2	2	0	6	14	3
2014年2月現在　会員のみ計	104	7	26	13	12	2	16	22	6
2014年2月現在　非会員を含む合計	268	12	42	16	31	6	72	71	18

［註］1．持株会社は傘下の主力フォーマットに分類。
　　　2．複合フォーマット企業は主力のフォーマットに分類。

表Ⅲ・2-7　スーパーマーケットの収益力日米比較

	売場販売効率	1人当り売場面積	目安の営業利益率
日　本	247万円	10坪	2%
アメリカ	208万円	20坪	5%

表Ⅲ・2-8　大手チェーンの営業利益率日米比較（2014年度）

髙島屋（Dept）	1.7%	Kohl's（Jr.Dept）	8.8%
イズミ（日ス）	4.6%		
コメリ（HC）	3.8%	Wal-Mart（SuC）	5.5%
DCMホールディングス(HC)	3.8%	Target（DS）	5.0%
アークス（SSM）	2.7%	Home Depot（HC）	12.5%
ライフコーポレーション(SSM)	1.8%	Publix（SSM）	7.7%
ツルハホールディングス（DgS）	6.1%	CVS Health（SDgS）	6.3%
ワッツ（百均）	4.0%	Dollar Tree（One Price Store）	9.3%
ファーストリテイリング（衣SS）	10.7%	Gap（衣SS）	12.6%

［資料］各社「有価証券報告書」、「Anuual Report」から
　　　　日本リテイリングセンター作成。

収益力

しかし売上高では飛躍的に伸びたものの、収益力のほうは依然として低いままにとどまっている。

表Ⅲ・2-7をご覧いただくと、日本のスーパーマーケットの売場販売効率は二四七万円とアメリカのそれの一・二倍もあるのに、一人当り売場面積は大手SSMチェーンの半分である。

表Ⅲ・2-8は営業利益率の比較表であるが、非食品を扱う店はともかく、食品を扱うところは、アメリカの二分の一、三分の一という有様である。

この原因はマネジメントが①売上高評価主義であること、②人海戦術、つまり旧態のままの作業体制のためである。この点こそ、現在最も遅れた経営管理上の弱点となっている。

労働力

大学新卒採用数は、一九七〇年代には早くも主要社は一社当り年二〇〇名を突破し、現在大手筋は五〇〇名を超えている。東大卒のいわゆる〝エリート族〟の象徴も、毎年一〇名以上がこの業界に応募するようになった。社歴二〇年、三〇年選手が一社一〇〇人単位でようやく育ってきているのである。また、経産省（旧通産省）をはじめとして中央官庁から局長経験者が、都市銀行や総合商社からは、常務や専務級がぞくぞくとスカウトされてきている。

国内の労働組合運動は一九七〇年代なかばまでは拡大していたが、その後低迷時代に入った。ところが流通業界だけは着実に労組活動が発展、主体の連合体UAゼンセンは組合員一五一万人で、労組連合体としてわが国最大となっており（表Ⅲ・2—9参照）、これを母体に国会・地方議会議員も出ている。またパートタイマー比率は七割を超え、一部フード・サービス業では九割を超えている。

わが国経済界を代表して発言する日本経団連や経済同友会、各地の商工会議所にも、すでに代表的な幹部としてチェーン化企業のトップが就任した。また、国会や政府や中央官庁による新しい法案や税制、規格づくりには、必ず委員として招請されるようになっている。

表Ⅲ・2-9　チェーン志向企業の労組の全国機関（2014/9現在）

	組合数	労組員数
〈「連合」に加盟〉	組合	万人
UAゼンセン （UIゼンセンとサービス流通連合が2012年11月に統合）	2,474	151

商品開発の段階

定価破壊運動はこの五〇年間、〝スーパー相場〟をつくりあげてきた。当初は一割引だったが、今日では三割引が当り前。平均して二割方は物価を下げており、購買額のうち二〇兆円ほどは国民のくらしを引き上げている勘定になる。しかし実現すべき本当の安さはこうした割引価格ではない。

チェーン化へ転換していくステップとして最も大事なのは、みずからの商品開発である。それは一九七〇年代から一部で実験が始まり、一九七八年からお目見えしたゼネリック（商品本来の一つの機能だけを実現する特別廉価品）はたちまち他のチェーン化勢力も追いかけた。この第一号はノー・ブランド（ダイエーの場合）と呼ばれ、一九八〇年の秋からのダイエーの「セービング」、続いて西友の「無印良品」（当時）などが、トレード・オフ（Trade Off）による本格的商品開発の走りであった。現在はイオンの「トップ・バリュ」が代表だ。専門店チェーンは扱い商品のすべてを自社ブランドで埋めつつある。

チェーンストアの商品開発の狙いは、メーカー側のナショナル・ブランドやローカル・ブランドとほぼ同じ品質・機能の品を作ることばかりではない。その本命はトレード・オフ商品だ。このトレード・オフとは、これまで業界常識から必要としてきた商品の品質を、「買う」立場ではなくて「使う」立場で再検討し、不要な性質をすべて捨てて必要で適切な性質だけを与えた、ナショナル・ブランドの商品とは仕様がまったく異なる品を作り出すことである。いいかえれば、機能主義の廉価〝くらし〟用品だ。食品から始まって日用雑貨、服飾、住居用品へと拡大中である。表Ⅲ・2-10がその代表例である。特色はシリーズ開発で、いずれも仕様書発注で、ほとんどの人々（客層拡大）が毎日のように使う（多頻度）物であること、色彩を含めたデザインもすぐれており、品種間のトータル・コーディネーションをモットーとしていることである。

現在大手筋ではストア・ブランドやプライベート・ブランド（『チェーンストア経営

の原則と展望』参照）の占拠率が、それぞれの品種の中の二割から六割に達した部門がふえている（だが、チェーンストアは同時に生産側が独自に作った物も扱う。ただし、三〜七割の割引価格である）。

これからは全部門で商品開発が一挙に進行し、それを主力にしたわが社独特の核売場、核メニューづくりで、国民に存在価値を問う時代へと急転換していくのだ。

ショッピング・センターの時代へ

さらには、一九九〇年代後半あたりから本格的ショッピング・センターの開発が、大ブームを迎えている。これは、日本の実質乗用車所有率が一九八九年に七〇％を突破したからだ。アメリカでは七〇％を突破した一九五〇年代から飛躍的にショッピング・センターの数がふえたのである。

アメリカの人口は約三億人でショッピング・センターは約四万六、〇〇〇か所あることから、日本でも二万か所近いショッピング・センターができる可能性がある。現在はまだ国際的に通用する本格的ショッピング・センターは約一、八〇〇か所に過ぎない（詳細は、『チェーンストア経営の原則と展望』第Ⅰ編2章参照）。

これからのショッピング・センターの主流は箱型の建物構造ではなくて、平屋のオープンエア・センター型のＮＳＣ（ネバフッド・ショッピング・センター）とＣＳＣ（コミュニティ・ショッピング・センター）となるだろう。

表Ⅲ・2-10　SB・PBの開発事例〈マス・アイテムのみ〉
（ペガサスクラブ会員企業調査、各社報道資料などから集計）

［註］1．ゴシック字は2014年以降の最新実績
　　　2．※印の1店あたり販売数は調査時点の最新決算時の店数から算出。
　　　　実際の販売店舗数とは異なるが、目安として記した

(A)　小売業・食品

	品　　目	社　名	売価（税込み円）	年間販売量（万）	1店1日あたり販売数
飲料・酒	**第3のビール（350mℓ・500mℓ、4SKU）**	**イオングループ**	**88・125**	**25,000**	**84.1**
	〃　（350mℓ）	カインズ	78	1,351	※ 212.7
	缶コーヒー（3 SKU 各185g）	〃	38	1,200	198.0
	〃　（2 SKU 各190g）	**Mr Max**	**28**	**382**	**190.3**
	ミネラルウォーター（2ℓ）	カインズ	78	1,000	165.0
	〃　（〃）	**Mr Max**	**68**	**547**	**272.9**
	緑茶（340g）	トライアルカンパニー	29	588	※ 178.9
	〃　（500mℓ）	**Mr Max**	**48**	**273**	**136.0**
日配	ちくわ（100g × 4本）	イオンリテール	78	2,134	72.9
	〃	関西スーパーマーケット	98	230	104.9
	〃	ハローズ	73	196	85.4
	茹でうどん（200g）	**ベイシア**	**28**	**998**	**213.6**
	〃	大黒天物産	20	747	※ 393.5
	食パン（4 SKU）	**バロー**	**81**	**964**	**118.4**
	〃　（〃）	ベイシア	78	725	155.1
	〃　（〃）	カネスエ	72	263	※ 343.1
	牛乳（1ℓ）	ベイシア	155	760	174.2
	〃（〃）	**原信**	**158**	**573**	**209.3**
	やきそば玉（150g）	大黒天物産	20	633	※ 333.5
	納豆（40g × 3個入り）	**ベイシア**	**60**	**440**	**94.1**
	極小粒〃（　〃　）	カネスエ	47	157	※ 204.8
	豆腐（絹・木綿各300g）	原信	38	440	175.1
	〃　（木綿400g）	大黒天物産	30	323	※ 170.1
	〃　（絹300g）	カネスエ	29	201	※ 262.2
	板こんにゃく（200g）	〃	47	157	※ 204.8
	ぬか漬け	**サンベルクス**	**105**	**（10ヵ月）120**	**126.7**
健康食品	**エネルギーゼリー（12品目各180g）**	**イオングループ**	**88・98**	**2,143**	**8.3**
	〃　（4品目各180g）	**アルペン**	**88**	**112**	**14.6**
	サプリメントゼリー（2品目各180g）	クリエイトエス・ディー	88	192	14.5
	栄養ドリンク（120mℓ）	カインズ	50	（9ヵ月）45	9.9
加工肉	ロースハム（140g・40g × 4）	イオンリテール	198・258	2,606	89.5
	〃　（3連）	サンディ	169	266	65.7
	あらびきウインナー（110g × 2P）	バロー	298	262	※ 41.4
青果	**もやし（200g）**	**原信**	**28**	**830**	**303.1**
	ぶなしめじ（200g）	**〃**	**78**	**300**	**109.5**

	品　目	社　名	売価（税込み円）	年間販売量（万）	1店1日あたり販売数
加工食品	インスタントたまごスープ	日本生協連	298	640	
	カップラーメン（3品目）	ベイシア	68	280	64.2
	鮭フレーク	バロー	97	161	19.8
	上白糖（1kg）	オークワ	134	101	※ 18.9
	マヨネーズ（500g）	ベイシア	192	54	11.5
惣菜	袋カットサラダ（50～180g、50 SKU）	イオングループ	98～198	7,652	33.0
	コロッケ（ポテト）	バロー	18	(4ヵ月) 1,560	※ 693.6
	〃	関西スーパーマーケット	60	602	274.2
	〃	PLANT	18	530	907.5
	〃　（ポテト）	サンベルクス	84	(10ヵ月) 248	262.1
	〃　（牛肉）	藤三	54	120	143.2
	手巻きおにぎり（3品目）	原信	62	398	145.3
	弁当（冷凍・12品目）	日本生協連	398	270	
	カレーパン	ヤオコー	158		90.0
	すし　10貫	〃	798		25.0
菓子	ポテトチップス（3 SKU）	ベイシア	78	253	54.1
	ゼリー（250g・くだもの入り）	Mr Max	68	232	125.4

(B)　**小売業・非食品**

	品　目	社　名	売価（税込み円）	年間販売量（万）	1店1日あたり販売数
日用品	ティッシュペーパー（200枚5箱入り）	カインズ	248	640	95.5
	トイレットペーパー（18ロール）	〃	328	360	53.7
	〃　（　〃　）	ホーマック	348	247	40.0
	ドッグフード缶（375g）	カインズ	68	330	49.2
	猫ウエットフードパウチ（70g、7 SKU）	コメリ	58	259	6.2
	軍手（10双）	ワークマン	199	200	55.0
	〃（1ダース）	カインズ	198	100	※ 16.9
	アルミホイル	Mr Max	38	165	88.8
	〃　（25cm × 8m）	北辰商事（ロヂャース）	46	18	45.4
	除湿剤（500mℓ × 3P）	カインズ	148	100	※ 16.9
	歯ブラシ	トライアルカンパニー	29	98	※ 29.8
	柔軟剤特大詰替（2ℓ）	ケーヨー	158	81	11.8
	レディースハンガー（5本セット）	ニトリ	290	46	5.7
園芸	米袋（30kg用）	コメリ	38	516	15.3
	除草剤（500mℓ）	山新	198	47	34.7
寝具	低反発枕（63 × 43cm）	ニトリ	990	56	5.9
	マイクロファイバー毛布（シングル）	〃	990	(3ヵ月) 11	※ 5.6
台所	フライパン（フッ素・26cm）	ニトリ	390	(3ヵ月) 10	※ 5.1
	システムキッチン	〃	19.9万～29.9万	0.8	

	品目	社名	売価（税込み円）	年間販売量（万）	1店1日あたり販売数
その他	布テープ（25m）	ホーマック	135	143	23.1
	コピー用紙（A4・500枚）	〃	278	72	12.2
	カラーボックス（3色）	ニトリ	999	64	7.1
	自転車（サイズ26インチ）	あさひ	9,980	23	0.9
	パンクしにくい自転車	カインズ	19,800	5	※ 0.8
	カラーランドセル（18色・24色）	イオンリテール	32,000・37,000	15	0.9
	テレビ（22インチ）	Mr Max	22,780	1.5	0.8
					1店1週あたり販売数
衣料	保温機能性肌着（小児用含む37品目）	ユニクロ	790～1,500	(6ヵ月) 4,700	※ 2,310.7
	〃（小児用含む186 SKU）	イオングループ	980～1,580	(5ヵ月)730	225.0
	〃（紳士・婦人30品目）	ユニー	980	(6ヵ月)400	110.0
	涼感機能性肌着（小児用含む96 SKU）	イオングループ	980～1,580	(11ヵ月)1,102	89.7
	紳士速乾機能性Tシャツ（2品目）	カインズ	580	(6ヵ月)100	※ 239.4
	紳士ドレスシャツ（トップバリュ）	イオンリテール	1,980	244	111.2
	〃	AOKI	1,990	84	31.1
	〃（ベストプライス）	イオンリテール	980	79	36.3
	靴下（1足）	アルペン	290	141	128.1
	紳士・婦人発熱靴下	ベイシア	280～980	(6ヵ月) 23	※ 92.6
	紳士トランクス	あかのれん	330	11	36.4
	婦人ショーツ	とらや	230	8	55.8
	デニムパンツ（紳士・婦人）	ベイシア	970	8	20.1
靴	Bio婦人靴	チヨダ	1,290～3,990	126	22.7
	ランニングシューズ（14 SKU）	アルペン	1,999	8	8.0

(C) FS業

品目	社名	売価（税込み円）	年間販売量（万）	1店1日あたり販売数
ギョーザ（6コ）	幸楽苑	216	3,195	169.0
ミラノ風ドリア	サイゼリヤ	299	2,110	54.9
中華そば	幸楽苑	313	1,332	72.2
サラダうどん（小・中）	はなまる	379・504	(2ヵ月)67	61.8
チーズインハンバーグ（200g）	すかいらーく（ガスト、おはしカフェガストのみ）	523	1,012	19.4
大俵ハンバーグ（225g）	ビッグボーイジャパン	570	655	56.5
カリーバーグディッシュ	アレフ（びっくりドンキー）	688	409	36.7
トロしめサバ（2貫）	カッパ・クリエイト	105	440	36.7
とろたく軍艦（〃）	〃	105	428	30.1
折詰（10貫）	ちよだ鮨	699	192	26.4

統合の進行と原則

流通業界は、世界各国とも零細企業が大部分なので家族経営が多い。しかしチェーンストア化をめざすビッグストアづくりでは、どの国でも大胆な合併・提携、企業そのものの売却と買収といった統合対策が活発に行なわれている。

その形式は、経営救済型は失敗が多く、長所倍増を狙いながら、結果は緩やかな連携に留まるものが少なくない。

当面売上高合計はふえても、逆に収益性や成長性が鈍化し、はては競争力すら低下してしまうことも多い。

特に日本では、統合で効率数値の内部隠蔽化と大幹部の一斉サラリーマン化（大企業化病）が原因である。

表Ⅲ・2-11は、お勧めが◎印、成功しにくいものが?印、成功率が低いものが×印と、私どもの評価尺度を簡潔に示している。

そこで、統合成功への共通条件を、明確にしておく必要があると思われる。その答えはあくまでもチェーンストアとしてプラスになる経済的効果の生まれることが必要だということだ。

表Ⅲ・2-12の五条件が実現できない限り、統合の結果マネジメントがあいまいになり、経営基盤は弱体化せざるを得なくなるのである。

売上高規模が大きくなればベンダーとの関係からみても、より低い売価が出せ、

表Ⅲ・2-11　Integration（統合）の種類

〈◎おすすめ、○次におすすめ、？成功しにくい、×成功率が低い〉

① Vertical　◇対象　×　製品→加工場→素材（材料）
×　メーカー
×　商社
？　問屋
◎　ジョバー、ブローカー、レジデンシャルバイヤー、ディストリビューター（sourcing＝集荷目的）

② Horizontal（同一客層）
- ◎同一フォーマットで（dominant area づくりと新商勢圏の拡大）
- ？別のフォーマットで
  - ◎同一来店頻度の時
  - ○情報共有の時

？③　Konzern 化（同一客層・関連産業の多角化）

×④　Conglomerate 化　他産業の統合（不動産・保険金融証券・エンタテイメントの多角経営体など）

？⑤　Administrated　メーカーまたは問屋系列化〔前売りの価格支配〕＝ボランタリー・チェーン

？⑥　Managerial ＝本格 FC〔搾取型になりやすい〕

表Ⅲ・2-12　統合成功への共通条件＝商業とチェーンストアの原点の強力化である

(1)　取引先と扱い商品の売価と品質とそろえ方（単品の組合せ方と陳列量）と取引先が変わるのか

(2)　業態がより便利になるか

(3)　楽しいショッピングになるか

(4)　売上高よりも客数の増加で証明できるか

(5)　トータルコスト削減→利潤分配率（営業利益率）増加になるか

表Ⅲ・2-13　日本でのアメリカ的フォーマット事例

(A)	成功中－CvS、衣料スーパー、SDgS、One Price Store、HFuS、一部のスペシャルティ・スーパーストア、FFS
(B)	低迷－百貨店、日本型スーパーストア、HC、ロードサイドSS、ファミリーレストラン
(C)	模索中－SSM、DS、スーパレット
(D)	これから－VS、ポピュラープライスのホーム関連、ポピュラープライスのアパレル（総合とSS）、Jr Dept、HFaS、OPS、FFS、Fast-casual
(E)	別に－インターネット通販

売れ筋の数量集荷がラクになると思われがちだが、現実には成功例はとても乏しいのである。

理由は、その前提として品目が大幅に、共通に絞られること、次にその品目について統一した重点販売技術があること、そして補充発注と陳列補充の物流・作業システムの統一が条件になるからだ。これらが標準化されない限りは、管理と日常業務のトータル・コストが低くなるはずがないし、強力なナショナル・ブランド・メーカーとの特別取引契約は成立しないことになるのだ。

アメリカ的フォーマットの活発化

フォーマットについての詳細は『チェーンストア経営の原則と展望』第Ⅱ編3章をご覧いただきたい。

日本でも、これまでに、スーパーマーケット（SM）、ファスト・フード・サービス（FFS）、コンビニエンス・ストア（CvS）、ホームセンター（HC）、スーパー・ドラッグ・ストア（SDgS）などの総合型フォーマットが成功してきた。また、ディスカウント・ストア（DS）、バラエティ・ストア（VS）などの新しい総合型フォーマットにも挑戦中である（表Ⅲ・2―13）。

他方、専門店とフード・サービス業でも、新しくより低い価格帯のフォーマットが業種ごとに発展中である。

だが、二〇〇店以上の標準化された店による本格的なチェーンシステムができているのは、まだ小売業で五〇社足らずであり、フード・サービス業でも標準化された店数が五〇〇店を突破しているのは、まだ一〇社ていどの状況である。

2 いまだ未達の課題

現状の課題

この五〇年の間に、ビッグストアは確かに小売業とフード・サービス業で新しく一、〇〇〇社もできた。日本国民のくらしはどんどん改善されてきた。そして現在の日本は世界レベルで比較すれば、豊かな国だと思われている。

だがそれは錯覚なのだとこの本で説明してきた。本質的には、①欧米で行なわれて来た生活革命的なことは、まだほとんど実現できていないし、②国民大衆は、チェーンストア志向企業をくらしを守り育ててくれるかけがえのない産業とは受け止めてくれる状態にはなっていない。

反省すべきこと

われわれはチェーンストア独自のご利益《りやく》（Mass Mdsing. Systems の効用）をいまだ提供できないでいることを反省したい。つまり、

実現できたもの、いまだ達せずのもの

〈日本チェーンストア協会設立40周年記念シンポジウム基調講演から〉

協会設立時のわれわれには先の大戦で生き残った以上は豊かな社会を日本に作らなければならないという意気込みがありました。協会設立の理念として「祖国の社会的経済的再建への原動力となるべき企業作り」という一文を明記しました。

豊かな社会の実現のためにはどうしたらよいのか。米国の流通の現場視察を繰り返した結果、そこでは人種的な差別があるにもかかわらず、世界でもっとも豊かな日常生活を保証する社会、つまりチェーンストア産業が存在しました。以来、毎年のように渡米してたくさんの事例をチェーンストア企業から勉強してきました。われわれはチェーンストアを作ることで、国民生活そのものを良くすることを目指したのです。

当初、「量販店（多量に売る店）」と呼ばれていました。しかし、これは本来チェーンストア経営が否定すべき言葉です。ほかにも「繁盛店」「多角化」「大型化」などの言葉も否定されるべきです。なぜならチェーンストアの一番の喜びは「売り上げ」ではなく「客数」であり、客数の無限の増加こそ目指さねばならないことだからです。

ですから私は優秀な日本人をこの業界に集めてこの業界の意義を認知させることから始めなければならないと思っていました。

初代の事務局長を担当し、最初の３年間の事業は４年制新卒の学生をたくさん小売流通に入社させることでした。当時製造業や商社は人気がありましたが、流通業はまったく相手にされなかったのです。そこで私は、大学で求人票を見ようとした学生を片っ端から学食に誘い、食べるのに時間のかかるものを提供してその間、「小売流通の現場で働いて、ぜひ国民のために心体をささげてくれないか」と口説いたものです。

以来40年、小売流通の総投資額は日本の７大基幹産業の１つとなるに至っていますが、まだまだ協会設立当時の重点課題についてごく一部しか実現されていません。もう一度奮起と努力が必要です。

2007年８月　　日本チェーンストア協会相談役　渥美俊一

㋑物価は現状の二分の一以下のアメリカ並みにはまだなっていない
㋺しかも価格帯が広すぎて、さらに多目的な商品が大部分であり
㋩あるべき〝使う〟立場からの適切な品質は、まだ確保されていない
㊁コーディネート品揃えも少なすぎる
㋭ショッピングそのものの楽しさも実現されていない
㋬しかも企業としての収益性は低落の一途である

これについて、今真向から改善と改革とに取り組まねばならない。

それがなかなか進みにくい根本原因は、これまでガンバリズムが主流で、インダストリアリズム（Industrialism）が未成熟だからである。チェーンストアに必須の①エンジニアリング、②標準化、③マス化はつきつめられていないのが現状なのだ。

結局、〝流通革命〟と本格的なチェーンストアづくりはまだこれからなのである。

3　チェーンストア・オペレーション方式の特別な意味

この本の最初で、チェーンストア経営システムの最大の特徴は、標準化された小さな力がたくさん集まって、偉大な力を発揮することだと説明した。チェーンスト

ア・オペレーション方式とは、欧米のチェーンストア企業が、一五〇年かけて築造してきた経験法則のことである。それは他の業界にはない、独特の〝分業のあり方〟なのである。

その内容は、

①〝本部〟の任務は、標準またはキマリを高度な技術水準の調査と実験とで専門的に作り上げ、それを〝現場またはセンター〟に対して、教育し、指導し、監査する

② 現場側の任務は、これに基づいて完全作業を実行させ、さらにそのコストコントロールをすることで、客の満足と企業の必要な経営効率とを確保する

という並行する二つの機能の二人三脚なのである。

この分業について、しばしば日本の流通業界では、本部が現場（店舗とセンター）の上部機構と考えることが多い。

一方、流通業の店舗とセンターを営業活動の場としたあとに、本部をその事務処理という後始末部隊と考えることも多い。

これら二つの業界常識は誤りである。

わが国で、本部が現場に一方的に押し付け（push）型管理をしがちなのは、本部が本来作るべきこのキマリがいい加減で、単なる目安であり、あるべき行動標準に

表Ⅲ・2-14　チェーンストア・オペレーション方式の特徴

チェーンストア・オペレーション		事例		
		(ハ)音楽	(ロ)演劇・映画	(イ)工事
本部	キマリをつくる	作曲家 編曲者	劇作家 脚本家	設計者
現場（店舗とセンター）	①　完全実行	演奏者	役者	施工者
	②　低コストで	指揮者	監督	工事事務所長

はなっていないためだ。だが、現場側での基礎教育がおろそかで、知識と経験とが不足している場合は、たとえキマリが正確に作られていても、実効は上がらない。だから現場側がキマリどおりの作業を完全実行することは、そう簡単ではないのである。

本部と現場の関係事例

この本部と現場との関係は、表Ⅲ・2−14のとおりの形で説明されている。その説明のしかたは(イ)欧米のチェーンストア業界方式、(ロ)故川崎進一教授方式、そして(ハ)安土敏氏（元サミット会長）方式の三種類がある。

こういう役割分担なのだと理解すれば、本部は決して現場の上部構造ではないし、現場の仕事が肉体労働だけというわけでもないことがわかる。

私はこれまでアメリカのチェーン内部で言う方式の「工事」の事例を引用することが多かったのだが、安土氏の説明もわかりやすい表現である。音楽のできばえはまず作曲者の作った楽譜の価値で左右されるものだ。しかし作曲者がどれだけすばらしい楽譜を書いても、演奏が楽譜どおりでなく不完全なら人を感動させる演奏にはならない。しかも一人ひとりの演奏能力レベルが揃っていなくてはならないし、指揮者の解釈で聴衆の感動のレベルも大きく変化してしまうのだ。

機能の分担方式という点で、この三つの説明方式の趣旨は同じである。

こうしてみると、現場での完全作業は当たり前であり、さらにそのできばえの水準は流通業では客数と収益性とで表現されることになる。

個店対応と個別対応

他方、日本でよくある錯覚は、カリスマ店長制であったり、店長が営業方法を勝手に決め、本部はそのヘルパー役といった説である。こうした〝個店〟対応はチェーンストア経営システムでは否定される。品揃えや管理方式は、店ごとに変えてはチェーンストアとしての威力は出せないのである。

しかし、〝個別〟対応はすべきである。よく似た表現だが、意味はまったく異なる。これは、説得（コミュニケーション）の方法と内容とを、個別に対応するというものだ。その言葉は、科学的に手順を踏んで決めた標準（キマリ）を、本部側が現場の人々に十分に納得してもらう特別な努力を意味している。

実行の手順

チェーンストア・オペレーションを実行する手順としては、
① 本部は専門家（ベテラン）が「調査」と「実験」との繰り返しから経営（営業）活動のキマリ（方法）を決め、インフォメーション（Information）システムを構

表Ⅲ・2-15　用語解説

・information （情報）＝一律	① 用語の統一（定義） ② 行動原則（テーゼ）	マニュアル
	③ 数値（数表） ④ 時流（情勢）	
・communication （理解）＝個別対応	① 詳細な説明 ② 科学的（数値と論理で）理由づけ ③ 動機づけ（説得される人にとってと、客にとって） ④ ロール・プレーイング（楽にできるように）	

築する

② 本部がそれを現場に教え（Education）、訓練（Training）してから、現場で完全実行させる

③ 本部は現場に納得してもらうまで、繰り返していねいに〝個別対応〟でコミュニケーション（Communication）を行う

④ 現場での実行状況を定期的に監査（Inspect）する

⑤ 先のキマリとインフォメーションの内容をより適切に改善し続けるのである

（表Ⅲ・2―15参考）。

こうしたチェーンストア・オペレーションと分業との特徴について、まだ正しく理解されていないのが、二十一世紀初頭の日本の実態である。

さらに、これまでに述べてきたことで、今のマスコミが取り上げる「チェーンストア理論否定」のリクツが、いかに的はずれであるかわかっていただけただろう。

チェーンストア経営の目的

チェーンストア企業は、もちろんビッグストア規模になっているべきだが、年商額や店数が格別に多いから、すばらしいのではない。

商業者としての社会に対する任務を、①八割の人々（大衆）向けに、②年間

三〇〇日（日常のくらし）は使い（食べ）続ける生活商品を扱うことで、人々のくらしを豊かにするためのビジネスだと、考え続けている経営であることだ。だから、長期的には、社会格差を減らしていく社会革命の推進者なのだ。

当然に、その経営努力は、①客数と販売量とで表現され、②従業員に対しても、労働条件の継続的向上と、人生の後半への生涯設計を約束できるような組織づくりが行なわれていなければならない。

これはモラリスト（遵法家）としての経営であり、それ故にグッドシチズン・カンパニーである。

私はそうした、アドマイヤード（尊敬される）・カンパニーに、あなたの会社がなることを念じながら、本書を執筆したのである。

※資料編は270ページからご覧ください。

付表7　日本リテイリングセンターが提供するサービス

東京都港区南青山 1-15-3　ペガサスビル　☎ 03(3475)0621　Fax03(3475)0616
HP : http://www.pegasusclub.co.jp

1. コンサルティング……テーマは経営戦略，経営政策，組織，教育，人事，労務，労組，商品，売場づくり，投資，店舗，物流，D.C.，P.C.，管理，計数，財務，経営者家族など。方法は相談，実地・実物診断，解説，必要な時は講義。原則として日本リテイリングセンター内で行ないます。適時現地出張も可能です。

2. 機関誌……毎月初め約 130 ページの「経営情報」（重要セミナー講義速記録・チェーン資料 etc.）を会員に送付。

3. 国内セミナー……年間約 25 回開催。①定型（くり返し），②定期（毎回内容変更），③継続（前回出席者のみ参加可能），④臨時（必要時のみ）の4形式があります。内容は，①入門，②基礎，③実務，④技術，⑤トップマネジメント向けに分かれ，いずれも3日または2日間コースで，すべてチェーンストア経営として体系づけられています。

4. 海外セミナー……毎年1回大部隊編成でアメリカカリフォルニア州やネバダ州中心にチェーンストアとショッピングセンターを見学。分厚いテキストとハードスケジュールで有名ですが，国内セミナーで理論武装をしながら，他方実物で確信に到達するための必須コース。つねに小売業の食品と非食品コースがあります。このほか買付，フードサービス業，特殊テーマ研究などのコースも適時行われています。

5. 企業内訓練……上記3.と4.を企業単位に行う時は1.と並行です。

6. 職能適性（素質）検査……日本リテイリングセンター内で実施。出張も行います。このほか部長以上の適格性評価も行います。

7. 斡旋，貸出し……土地利用計画，店舗と S.C. 設計，改装，マニュアルと教材づくり，労働事件その他特殊経営分野の援助と専門機関の紹介。日米チェーンストアのストアブランドとプライベートブランド商品実物見本と広告実物見本。

8. 販売……日本リテイリングセンター発行物のほか，所属コンサルタントの著書，ペガサスクラブ機関誌月刊「経営情報」の個人予約購読もできます。

9. 資料提供……ビッグストア基本統計，初任給統計，上場流通企業経営効率比較表。

10. フィランスロピィー
専門図書館……日本チェーンストア経営専門図書館「ペガサス文庫」寄贈図書約2万冊，ペガサスクラブ有志からの寄附金約 3,500 万円で設立。法政大学「流通産業ライブラリー」内，閲覧自由。

付表6　渥美俊一とそのグループ以外のチェーンストア関連の主要図書

◇=代表的な書籍

	分類	著書名	書名	発行者	発行年
◇	流通一般	倉本長治	商店経営の技術と精神	商業界	1958
		林周二	流通革命	中央公論社	1962
		林周二	流通革命新論	中央公論社	1964
		川崎進一	現代商学の基本問題【商業学会賞受賞】	同文館	1970
		佐藤肇	流通産業革命	有斐閣	1971
◇		経済審議会流通研究委員会編	これからの流通	日本経済新聞社	1972
		堤清二	変革の透視図	日本評論社	1979
		矢作敏行	現代流通	有斐閣アルア	1996
◇	チェーンストア	倉本長治	チェーンストアへの道	文化社	1962
		川崎進一	新版・チェーンストアの話(日経文庫)	日本経済新聞社	1978
◇	海外情勢・海外のチェーンストア	ジンマーマン，M.M. 著	スーパーマーケット 長戸毅訳	商業界	1962
◇		レブハー著	チェーンストア米国百年史 倉本初夫訳	商業界	1964
		ブランド，エドワード・A. 著	最新スーパーマーケット経営 倉本初夫訳	商業界	1974
		D.J. ブアスティン著	アメリカ人　上・下 ―大量消費社会の生活と変化― 新川健三郎訳	河出書房新社	1976
◇	スーパー	倉本長治	ショッピングセンターとスーパーマーケット	商業界	1958
		長戸毅	スーパーマーケット	日本能率協会	1963
◇		安土敏	日本スーパーマーケット原論	ぱるす出版	1987
	企業別	片山又一郎	ダイエー「盛」と「衰」の理論的研究	評言社	1984
		山田廣太	なぜマクドナルドは2000億円企業になりえたか	経林書房	1992
		鈴木孝之	イオングループの大変革	日本実業出版社	2002
	経営者自身・経営者	中内㓛	わが安売り哲学	日本経済新聞社	1969
		岡田卓也	大黒柱に車をつけよ	東洋経済新報社	1983
		佐野眞一	カリスマ　中内㓛とダイエーの「戦後」	日本BP社	1998
		緒方知行編	商売の原点　鈴木敏文	講談社	2003

1970年代（つづき）	チェーンストアの準備（つづき）	基礎知識		ビジネス社	チェーンストアの経営・	1969
			「チェーンストアの実務」（全12巻のうち5巻）	実務教育出版	これからのチェーンストア経営	1972
					チェーンストアの組織づくり	1972
					商品構成の決め手	1972
					チェーン実務能力うでだめし・	1974
					アメリカのチェーンストア・	1974
		自己育成	「チェーンストアの人材」（全5巻のうち3巻）		スタッフ・	1974
					マーチャンダイザー	1974
					ストアマネジャー・	1974
		方針の提案	「チェーンストア経営」（全4巻のうち1巻）		チェーンストアのショッピングセンター経営・	1975
		新技術の提案	FS業	柴田書店	ズバリ直言　これからの食堂経営	1976
1980年代	チェーンストアへの切替え	問題提起	「転換」（全4巻のうち3巻）	実務教育出版	転換期の経営戦略	1981
					転換期のマンパワー	1981
					転換期のマーチャンダイジング	1981
			「フードサービス業のチェーン化政策」（全3巻）	柴田書店	フードサービス業の経営戦略	1983
					フードサービス業の商品と店舗	1983
					フードサービス業の店長と作業	1983
		基礎	「チェーンストアマンの教養」（全3巻のうち1巻）	ぱるす出版	チェーンストアとアメリカ社会・	1983
	本格的チェーンストアづくりへ	技術原則	「チェーンストアの実務原則」（続刊中）	実務教育出版	全訂・商品構成	1983
					全訂・仕入れと調達	1985
1990年代					全訂・店舗レイアウト	1992
					新訂・ストアコンパリゾン・	1996
					新訂・チェーンストアのマネジメント	2003
					店内作業・	1984
					新訂版部門別管理・	1990
		経営システム	「チェーンストアの新・政策」（続刊中）		チェーンストア経営の目的と現状	1986
					全訂チェーンストア経営の原則と展望	1986
					全訂チェーンストア能力開発の原則	1987
					チェーンストア出店とSCづくり	1990
					ディスカウンティング	1994
2000年代		業態別展開	「生協」	コープ出版	生協店舗現論	1992
					生協バイヤーのバイイングの基礎技術	1995
			「SM」	商業界	SSMに軌道をとれ	1994
			「FS業」	柴田書店	1990年代の食堂経営Ⅰ、Ⅱ	1988
					外食業王道の経営　上　経営戦略編	2003
					〃　　下　ノウハウ編	2003
					フードサービス業チェーン化入門	2009
		理念		実務教育出版	21世紀のチェーンストア	2008
		軌道		ダイヤモンド社	流通革命の真実	2007
		技術	「チェーン経営の決め手」		チェーンストア組織の基本	2008
					チェーンストアの商品開発・	2010
					流通業のための数字に強くなる本—チェーンストアの計数管理	2011
				白桃書房	渥美俊一チェーンストア経営論体系・理論篇Ⅰ、Ⅱ、事例篇　編・矢作敏行	2010

◇ほかにも単発で中小企業診断協会、有紀書房、同文舘、有斐閣、ビジネス教育出版、講談社などから出版されている。

付表5　渥美俊一著書の歴史的発展

・印は共著

(A) 商業の原点

発表時期	ねらい		シリーズ名・グループ名	出版社	書名	発行年
1959、1960	原点	本商人(ほんあきんど)		中小企業診断協会	経営のヒント60	1959
			「儲けるから儲かるへ」	池田書店	実例による解説　もうかる商店経営	1959
					新しい商店　儲かる商店	1960
1959～82のものを1997・98に再編集したもの		商業経営の精神論と技術総論	「渥美俊一選集」(全5巻)	商業界	1巻　繁盛への道	1997
					2巻　成長への道	1997
					3巻　経営戦略への道	1997
					4巻　科学的経営への道	1998
					5巻　チェーン化への道	1998
1988					商業経営の精神と技術	1988

(B) ビッグストアづくり

1959	ビッグストアづくり	夢の提案		中小企業診断協会	小売商業の近代化・(日本の小売商業革命の展望)	1959
1960年代				文化社	日本のスーパーマーケット・	1960
			「大量販売」(全5巻)		大量販売の基礎条件	1963
					大量販売の戦略	1964
					大量販売の技術	1964
					急速成長企業の戦略	1966
					体質改善の戦略	1966
				商業界	時流にのる商店経営	1966
			「食堂ビッグ化」	柴田書店	食堂経営入門	1962
					食堂の経営戦略	1967
		基礎	「ビックストアへの道」(全11巻のうち10巻)	ビジネス社	小売業成長の秘密	1967
					マーチャンダイザー入門	1967
					店づくりの新戦略・	1967
					これからのスーパーマーケティング・	1967
					ストア　マネジャー入門・	1968
					商品スタッフの新機能・	1968
					こらからの店員の基礎知識・	1968
					ショッピングセンターの経営・	1968
					商店経営の組織づくり	1969
					小売業はどうなるか・	1969
				ダイヤモンド社	商店経営に強くなる事典	1969

(C) チェーンストアづくり

1970年代	チェーンストアの準備	方向	「流通の戦略」(全8巻のうち5巻)	ダイヤモンド社	マス　マーチャンダイジリング	1971
					ショッピングセンター・	1971
					マンパワー　ディベロプメント・	1971
					チェーンストア　マネジメント(組織と管理)・	1971
					チェーンストア　エイジ・	1971
		原則		商業界	小から大への成長法則	2004

(B) チェーンストア関連以外の渥美俊一著書リスト・主テーマ「繁盛店づくり」(絶版)

書　　　名		出　版　社　名	発表年
経営のヒント60	○	中小企業診断協会	1959
実例による売場の広告	○	同文舘出版	1962
スーパー時代の販売促進法	◎	有紀書房	1963
時流にのる商店経営	◎	商業界	1966
バークラブの経営法	□	池田書店	1969
商店経営に強くなる事典	◎	ダイヤモンド社	1969
経営コンサルタント	□	ビジネス教育出版社	1969

［註］ ◎は渥美俊一単独執筆，○は大部分渥美俊一執筆，□は一部分渥美俊一執筆

※渥美俊一の流通業経営における理論体系は最初に商業経営の原点から始まり、次に企業としてのビッグストアづくり（中小企業からの脱出）のあと、第三段階として社会改革をめざしたチェーンストア経営システムづくりへと発展させてきた。その調査研究の成果は課題ごとにまとめあげて、付表２～４でリストアップした。その歴史的な流れを次の付表５で示している。

付表4　初期段階の渥美俊一関連資料リスト

(A)　単行本・日本リテイリングセンター発行資料以外の
渥美俊一とそのグループ執筆のチェーンストア関連論文（絶版）

執筆者	テ　ー　マ	収録本体（カッコ内は発行者）	発表年
渥美俊一	主婦のスーパーチェーンについて	（一水会）	1958
〃	横浜センターについて	〃	1958
〃	"東光ストア" におけるスーパーマーケット	〃	1959
〃	日本小売商業革命の展望 （中小企業診断協会10周年懸賞論文最優秀賞受賞作）	鈴木保良著「小売商業の近代化」の中に掲載された （中小企業診断協会）	1959
〃	スーパーマーケットの経営政策	〃	1963
川崎進一	スーパーマーケットの財務分析（上）	スーパーマーケットハンドブック（商業界）	1963
〃	スーパーマーケットの財務分析（下）	〃	1963
渥美俊一	商品・マーチャンダイザー，仕入政策	〃	1964
〃	販売・売価政策	〃	1964
川崎進一	スーパーマーケットの組織管理	〃	1964
〃	スーパーマーケットの財務論	〃	1965
渥美俊一	マス・セール経営の展開	マーケティング講座流通問題（有斐閣）	1966
〃	ストア・ロケーション政策	マーケティング講座販売政策（有斐閣）	1967
〃	スーパーマーケットの広告と販促	AD CON Report No.158（AD懇談会）	1967
〃	チェーンストアの経営	スーパーマーケットハンドブック(商業界)	1970
川崎進一	1970年代後半のリテイル・マーケティング	東洋大学経営研究第3号	1974
〃	わが国における流通革命の現状と問題点	東洋大学経営研究第5号	1976
〃	連邦分権制と小売業経営	東洋大学経営論集第17号	1980
渥美俊一	激動の小売業界　その変革と未来図	あすひらく食品商業（食品商業新聞社）	1981
〃	チェーンストアの本質と概念	総合マーケティングハンドブック（ビジネス社）	1982
川崎進一	チェーンストアの経営システム	〃	1982
森龍雄	スーパーチェーンの情報管理システム	〃	1982
渥美俊一	CSグループ60年代の戦略	食品 '84(食品新聞社)	1984
〃	日本のホームセンターの経営弱点はこれだ	DIY店経営百科（ダイヤモンド社）	1985

（以下省略）

（つづき）

書　　名		発表年
Mega Mart と Mr Max		1996
敷地利用計画		1996
就業規則の作り方・直し方	□	1997
武川の財務と計数講座（その１・その２）		1997
会社イベント（結婚，葬儀，披露会，感謝・祝賀パーティー）開催の要領（改訂版）	◎	1998
チェーンストアの長期経営計画づくり対策	○	2000
チェーンストアの社内報のつくり方	○	2000
チェーンストアの組織管理と改革の進め方	○	2000
2000 年急速成長企業のトップ体験発表会		2000
チェーンストアの教育システム	◎	2001
チェーンストアの目指す品質とは	□	2001
ベーシックアパレルをもっと売ろう	□	2001
ディスカウント・ストアの経営研究	○	2002
フードサービス業チェーン化経営原則（改訂版）	○	2002
PB・SB づくりの実務対策―核商品開発とは―	○	2003
作業システム改革と作業分析	□	2004
チェーンストアの数表分析手法	○	2004
食品物流の問題点と改善策		2004
2005 年急速成長企業のトップ体験発表会		2005
中内㓛氏が開拓したものと 21 世紀に残した課題		2006
ビッグストアづくりの戦略と経営戦略	○	2006
マネジメント強化	○	2006
マークすべき日本とアメリカの SC と店舗レイアウト図		2007
急速成長企業のトップ体験発表会 2007 年版		2007
チェーンストアの組織づくり	○	2007
バイイング（仕入れ）基礎技術	○	2007
チェーンストアの物流システム	□	2008
IE 的フィールドワーク調査方法	□	2008
チェーンストアとしての長期経営計画づくり	□	2009
商品対策の研究資料		2009
チェーンストアの教育システム	◎	2010
フードサービス業のチェーン化のための経営と営業の原則	○	2010
ニューフォーマット（DS・VS）開発対策	□	2010
新しい重点販売プレゼンテーションの技術原則		2012
商品力強化のための品ぞろえ実務原則（新版）		2013
店長のためのストア・マネジメント実務		2014
チェーンストアの数表分析手法		2015
チェーンストアの業務・作業システム改革		2015
アメリカのチェーンストア商品構成グラフ事例集		2016

（つづき）

書　名		発表年
チェーンストアの産業化―ペガサスクラブ25周年記念特集―	□	1987
（上巻）出会いと動機編（中巻）体験と実績編		
（下巻）主張の歩み編		
ペガサスクラブ25周年記念の歴史的"映像"		1987
「ペガサスは天駆ける」「渥美俊一の挑戦」		
チェーンストアのマニュアル正しい作り方	◎	1988
会社イベント開催の要領	◎	1988
SCの見取図実例集		1989
本部レイアウトの原則	◎	1989
売場構成の見直しと再建	◎	1989
リミティッド社の経営研究	□	1989
日本の上場小売業の大部門売上高構成		1989
輸入取引の常識		1990
ディスカウンティング対策・商品とFormat	○	1990
チェーンストアの組織システム各論（Part Ⅰ）	○	1991
核商品の開発と核売場づくり	○	1991
チェーンストアの企業文化を考える	□	1991
1990年代のディスカウントストアづくり	◎	1992
ペガサスクラブ活動30周年記念特集号	□	1992
（第1巻）JRC指導と会員発展史		
（第2巻）チェーン経営内容発展史		
（第3巻）ペガサスクラブに学ぶ		
（第4巻）会員企業幹部の某日の行動		
（第5巻）チェーンストア産業づくり決起大会		
（第6巻）コンピュータ関連の現在と将来		
（第7巻）商品開発の現状		
DC・PC・コミッサリーづくり	□	1993
ファッションマーチャンダイジングの原則と基本技術	□	1994
アウトプット・マネジメント技術	◎	1994
ユニットコントロールとタナ割り技術		1994
アメリカとアジアへの調査・取引・提携の技術	□	1994
フードサービス業の現場管理		1994
300坪型自由化（スーパーストア化）対策	○	1995
チェーンストアの「緊急事態対策」	◎	1995
アメリカと日本とのSSM業界基本資料		1995
パソコンによるオープンシステムへの転換対策基本研究	□	1995
専門店チェーン化経営戦略	◎	1996

（つづき）

書　　　名		発表年
消費財流通システム・プログラム（SMART･SMILE･SIMPLE･DISTANCE サブシステム編）の導入解説書・利用者マニュアル	△	1974
日本のチェーンストアづくりを目指して ―ペガサスセミナー 1,000 回のあゆみ―	□	1976
ペガサス国内セミナー 1,000 回記念特別講演会録音テープ ―チェーンストアの本質と課題―	□	1976
アメリカ F.S.Cof.shop チェーンのメニュー		1977
アメリカの新聞広告とチラシ実例写真集第１集		1977
新業態ホーム・ファニシング・ストアの基本と経営戦略	○	1977
店舗見学のコツ	□	1978
スーパーマーケットの経営戦略	◎	1978
新業態開拓の経営戦略	□	1978
スペシャルティストアのチェーン化経営戦略	◎	1978
アメリカ S.S.M. チェーンの消費者教育		1978
エデュケーターの任務と職務	◎	1979
チェーンストア専業業態の Format	□	1980
1980 年代のチェーンストア経営戦略提案	◎	1980
チェーンストアの広告政策	□	1980
川崎進一論文集		1981
ペガサスクラブダイヤモンド賞第１号記念特集中内㓛	□	1981
日本のスーパーマーケットはいかにあるべきか	◎	1983
不振店対策基本原則	○	1983
QC サークルの始め方・進め方	□	1983
第１回日本チェーンストア QC サークル全国発表大会	□	1983
作業と動作の改善手法（マテハンとパート）		1983
転換の戦略	◎	1983
アメリカの新聞広告とチラシ実例写真集第２集		1983
チェーンストアのための財務対策		1984
第２回日本チェーンストア QC サークル全国発表大会	□	1984
新しい IE 入門		1984
現在の New Media と Card 問題	◎	1984
新業態開発作戦の原則（小売編）	○	1984
今日のチェーンストアのための Hi-Tech. と New Media 対策	○	1985
商品の品質と売価の原則	◎	1985
スカウトと大学新卒採用対策	◎	1985
鮮度（温度帯と湿度帯）管理		1985
在庫調整の進め方	○	1986
チェーンストアのための社内報づくり	□	1986

付表3　日本リテイリングセンター発行　チェーンストア関連資料リスト

（ペガサスクラブ会員向け販売）

〈定期刊行〉

書　名	発表開始年
経営情報	1963（月1回発行）
新人訓練テキスト	1966（年1回発行）
初任給基本統計	1967（年1回発行）
チェーンストアのための必須単語701（平1年から1001）	1968（年2回発行）
ビッグストア基本統計	1970（年1回発行）
上場流通企業最新の経営効率比較表	1981（年1回発行）

〈JRC レポート〉（講演速記録・特殊資料）

◎は渥美俊一単独執筆、○は大部分渥美俊一執筆、□は一部分渥美俊一執筆。
△この本体は、昭和49年日本リテイリングセンターが通産省より委託を受け、東芝と共同開発をした「消費材流通システム・プログラム―SMART・SMILE・SIMPLE・DIS-TANCE サブシステム編」で、情報処理振興事業協会より一般に販売された。

書　名		発表年
マネジメント実務―スーパー経営者のために―		1966
新業態の研究―ラックジョバー―		1966
新業態の研究 ―アメリカにおけるバラエティ・ストアの扱い商品リスト―		1966
新業態の研究―バラエティ・ストア経営―	○	1966
第33回商業界ゼミナール講演速記録―新しい体質改善のために	◎	1966
問屋戦略決起セミナー講演集―寡占化のにない手になるために	○	1966
How to approach effectively Japanese mass merchandisers		1967
第34回商業界ゼミナール講演速記録―政策転換のために	○	1967
National Economy & Mass Merchandising Operation in JAPAN	○	1967
食堂経営大企業化のための出発セミナー講演集	○	1967
フィジカル・ディストリビューション・セミナー技術コース速記録		1968
第35回商業界ゼミナール渥美俊一講演速記		1968
チェーンストアへの招待（発行・日本チェーンストア協会）	○	1968・改1969
こうすれば儲かる	◎	1969
1970年代のための流通業の経営戦略	○	1969
MEAT MERCHANDISING		1970
ペガサスクラブ10周年記念録音テープ FOWARD MASS MERCHANDISING INDUSTRY	□	1971
不当表示当景品克服		1971
ペガサスクラブ10周年記念資料		
1960年代におけるわが国チェーンストアの抬頭	□	1971
1970年代におけるわが国チェーンストアの方向	□	1971
POSターミナルの常識と今後の発展		1972

(G) 歴史

(20) 新版 商業経営の精神と技術

(渥美俊一著、2012年、商業界)(本休1,429円+税)

恩師倉本長治先生の商人道精神を基盤に、今日の商業経営の原則をもうら的に一冊に凝縮し総括した本。1988年(昭63年)の書下ろし。(2003年発刊の同名本の改訂版)

(21) 流通革命の真実

(渥美俊一著、2007年、ダイヤモンド社)(本体1,800円+税)

日本の流通革命は、1960年代から少しずつ築造されてきた。新しい動向ごとに、当事者たちは何をヒントに、何から着手したのか、成否をわけた決め手は何だったのかの真相を、渥美俊一が判りやすく説明している。

(22) 私のウォルマート商法〈原著「メイドインアメリカ」サム・ウォルトン著〉

(桜井多恵子監訳、2002年、講談社プラスアルファ文庫)(本体940円+税)

売上高世界最大のWal-Mart創業者サム・ウォルトンの自伝とWal-Mart社成長の記録を翻訳。

(23) 渥美俊一選集 第1～5巻

(渥美俊一著、1997年～1998年、商業界)(本体各2,000円+税)

渥美俊一が30代に書いた商業経営定石集。1950年代から1970年代(昭和30年代から40年代)はじめまで急速成長した流通業界の新興企業のトップたちが読みふけった、当時のベストセラーの復刻版(50年代からは絶版だったもの)。

(24) 渥美俊一チェーンストア経営論体系　理論篇Ⅰ、Ⅱ、事例篇

(渥美俊一著、矢作敏行編、2010年、白桃書房)(本体各4,000円+税)

日本リテイリングセンターの月刊誌「経営情報」1963年4月創刊号から2009年8月号までの講義録。

⒁ チェーンストアの衣料改革
(桜井多恵子著、2012年、ダイヤモンド社)(本体1,600円+税)

最も客層が広く購買頻度が高い、実用衣料の売場が日本では不足している。しかし欧米チェーンはこの売場を最重要視し面積も広い。日本で核売場に育てるための経営戦略を提言。まず日本型スーパーストア、ついでホームセンターやバラエティストア、専門店と多店化できていない衣料スーパー向け。(2008年発刊の「ベーシックアパレル」に新たな章を追加)

⒂ 新しい売場構成
(桜井多恵子著、新訂2004年、初版1994年、実務教育出版)(本体1,553円+税)

日本では「作る」「売る」立場からの分類がいまだ存続する。チェーンストアとして「使う(食べる)」立場、「買う」立場から再編成するための具体案を、日米の実例で初めて解き明かした本。ニューフォーマットづくりは、ここからこそ出発してほしいものである。

⒃ 重点販売　(桜井多恵子著、2014年、実務教育出版)(本体1,800円+税)

計画的にマス・アイテムを育て、需要を一気に寡占化し、タイムリーな商品化計画で機会損失をなくすための重点販売計画、広告、売場プレゼンテーションの連動のさせ方について具体的に解説する。既存店の販売効率を向上させ同質競合から脱却し、競争に勝つための新しい営業技術。

(F) 組織管理

⒄ チェーンストア災害対策の原則——緊急事態に組織をどう動かすか
(渥美六雄著、2013年、ダイヤモンド社)(本体1,800円+税)

2011年3月の東日本大震災では、いくつもの企業が災害対策に取組んだ。本書は、当時とそれ以前のチェーンストア志向企業の経験をもとに、災害時チェーンストアはどのような組織対策が必要かを解説する唯一の書である。絶対にやってはならないことと、やらなければならないことを明確にしつつ、トップと幹部に必要な姿勢から、災害対策本部の設置、先遣隊の派遣、人材対策、商品の供給手段、営業方法と出店など、あらゆる課題について説明。チェーンストア組織をいま、そして今後担う人々に絶対に1度ほ読んでほしい。いかなるときにも我々は商品供給を続けなければならないのだから。

⒅ チェーンストア組織の基本
(渥美俊一箸、2008年、ダイヤモンド社)(本体2,000円+税)

流通業向けの組織管理として唯一の単行本。分業のあり方、階層と職能・職位との区別、評価や待遇、選抜と育成のノウハウまで明示。

⒆ チェーンストアのマネジメント
(渥美俊一著、新訂2010年、初版2003年、実務教育出版)(本体1,800円+税)

マネジメントとは経営上の努力の総称だが、その意味について解説した本は稀有である。目標達成のための科学的な行動とは、どう考え、いかに改善を進行させていくことなのかを、チェーンストア経営の観点からまとめた書物。

(C) 専門フォーマット

(7) フードサービス業チェーン化入門

（渥美俊一著、2009年、柴田書店）（本体1,800円＋税）

飲食業経営の本は、あの手この手のしかけや商略、あるいは士気高揚策を書いたものが多い。しかし本書はチェーンストアによる社会的貢献を経営理念とした志の高い事業展開の指針をまとめた本だ。ビジョンの持ち方、続いて人材対策、組織づくりと中小企業ではできないマス・マーチャンダイジングシステム、仕入れ、業務システムについて理論体系化している。

(8) 新スーパーマーケット革命

（桜井多恵子著、2014年、ダイヤモンド社）（本体2,000円＋税）

長年に渡って同質競合してきた日本のスーパーマーケット（SM）業界でもオーバーストアによる本格的な競争が始まろうとしている。人口の高齢化と有職主婦の増加で客のニーズも変化した。この大転換期に、生活者の日々の食生活を支えるSMが成すべきこと、してはならないことを明確にし、新たな革命の方向性と具体的な手法を説明する。

(D) 業態

(9) 店舗レイアウト

（渥美俊一著、全訂2010年、初版1992年、実務教育出版）（本体1,650円＋税）

レイアウトの基本原則について40年間にわたる渥美俊一の指導実績と内外1,000店を超える現場調査から築かれた技術を体系化した書。

(10) サービス　（桜井多恵子著、1999年、実務教育出版）（本体1,800円＋税）

米国のチェーンストアが激戦の中から150年かけて築いた楽しいショッピング環境とは。接客強化や特価特売ではない本当のサービスとは何かを明示。

(E) 商品

(11) 商品構成

（渥美俊一著、全訂2010年、初版1983年、実務教育出版）（本体1,200円＋税）

チェーンストアのあるべき品ぞろえを解説。部門・品種・品目のそろえ方から、分類・売価と品質のあり方・特売・陳列・販売方法・商品構成グラフまでの原則をもうら。章ごとに「まとめ」があり、資格試験制度の教科書としても便利。

(12) 仕入れと調達

（渥美俊一著、全訂2010年、初版1985年、実務教育出版）（本体1,400円＋税）

支店経営とは根本的に異なるチェーンストアの「バイイング」技術を解説。博（バク）才や買叩きではない､技術としての仕入れと調達との方法を詳述。

(13) チェーンストアの商品開発

（渥美俊一、桜井多恵子共著、2010年、ダイヤモンド社）（本体2,000円＋税）

今や流通業界では、製品開発がブームだが、そのほとんどはメーカーか問屋仕様の製品である。これに対して本書は欧米で19世紀から延々と積み重ねられ、さらに日本で過去40年間実験を重ねてきたマス・マーチャンダイジング・システムとしての商品開発を解説する。チェーンストア独特のトレード・オフ論や具体的なソーシング活動まで体系的に説明。

付表２　日本リテイリングセンター講師による単行本一覧

(A)　入門

(1) 21世紀のチェーンストア　<チェーンストア経営の目的と現状>
（渥美俊一著、2008年、実務教育出版）（本体1,400円＋税）

なぜいまこそチェーンストアを日本で作らねばならないのかを明確にしている、わが国唯一の本。人々の日常生活の貧しさを理解し、本当の豊かさへ転換させる産業づくりの方法と、その準備段階としてのビッグストアづくりも説明している。流通業最大のベストセラー。
「これは、すでに五〇％を超える小売業売上高占拠率をもつにいたったわが国チェーンストア志向企業群が、この二十一世紀初頭において、何をしようとしているかについての“現状報告”である。
言い換えれば、現時点における私の“チェーンストア産業論”であり、チェーンストア産業独特のロマンとしての経営理念と、過去五〇年間にわたる行動の軌跡とを詳細に扱っているチェーン化準備の書である。」（本書、序文iii）

(2) チェーンストア経営の原則と展望
（渥美俊一著、全訂2008年、初版1986年、実務教育出版）（本体1,300円＋税）

上記(1)の続編として、チェーンストア産業がこれまで築造してきた経営原理を広範囲に明確にし、さらに21世紀の流通業界の展望をもまとめて説明。スペシャリストを目指す人が、必ず理解しておかなければならない“絶対原則”の入門的教科書。

(3) チェーンストア能力開発の原則
（渥美俊一著、全訂2010年、初版1987年、実務教育出版）（本体1,400円＋税）

チェーンストアが必要とするスペシャリストは、どのような能力を備え、それを身につけるためには何に取り組むべきなのかを解説。同時に、そうした人々を活かすために必要な組織管理とマネジメント方法のあるべき形を示した、新人から幹部まで必読の書。

(B)　スペシャリストの基礎

(4) 流通業のための数字に強くなる本　－チェーンストアの計数管理－
（渥美俊一著、2011年、ダイヤモンド社）（本体1,500円＋税）

計数管理の基本書。ペガサスクラブの経営効率数値項目の意義と目標数値を説明し、現状の数値を改善するための方法を詳述。トップ・幹部はもちろん、流通業に生き、悩み、学ぶすべての人々へ向けた、渥美俊一最後の著作。

(5) ストア・コンパリゾン（店舗見学のコツ）
（渥美俊一、桜井多恵子共著、新訂2007年、初版1996年、実務教育出版）（本体1,748円＋税）

最も確実な繁盛と成長への対策は、先進・成功企業の店舗とSCとを視察し、長所をそっくりまねることである。スペシャリストの店舗比較の技術をまとめた手引き書。職務としてもプライベートな自己育成にも欠かせないノウハウと見学のコツをまとめる。

(6) アメリカのチェーンストア見学
（桜井多恵子著、新訂2010年、初版2002年、実務教育出版）（本体1,800円＋税）

実例から流通革命を正確に学ぶペガサス流アメリカ視察の教本。過去50年間のアメリカセミナーの実績からまとめたもの。①チェーン経営システム、② SC、③フォーマット、④勉強課題を説明。

(B) フードサービス業の資本系別直営売上高順位リスト（2015 年決算）

〔資料〕「日経 MJ」2015 年 5 月 27 日と 2016 年 1 月 5 日発表までの各社最新本決算から日本リテイリングセンター作成

(1) 店舗営業型

ペガサスクラブ会員	順位	直営売上高 資本系	直営 売上高（億円）	直営 店数（店）	FC 売上高（億円）	FC 店数（店）	合計 売上高（億円）	合計 店数（店）
○	1	ゼンショーホールディングス	4,312	4,400	−	103	4,312	4,503
○	2	すかいらーく	3,324	2,900	169	73	3,400	2,973
	3	コロワイド	1,851	1,390	1,018	1,072	2,870	2,462
	4	日本マクドナルドホールディングス	1,597	1,009	2,865	2,084	4,463	3,093
○	5	吉野家ホールディングス	1,502	2,016	199	217	1,730	2,233
	6	モンテローザ	1,447	2,143	0	0	1,447	2,143
	7	あきんどスシロー	1,362	409	0	0	1,362	409
	8	プレナス	1,117	1,666	819	1,367	1,936	3,033
○	9	サイゼリヤ	1,099	1,026	0	0	1,099	1,026
	10	くらコーポレーション	1,035	365	0	0	1,035	365
○	11	ワタミ	997	978	−	116	997	1,094
	12	ロイヤルホールディングス	904	654	−	24	904	678
	13	トリドール	834	848	0	0	834	848
○	14	松屋フーズ	796	1,029	5	7	802	1,036
	15	王将フードサービス	695	470	248	232	944	702
	16	ドトール・日レスホールディングス	695	863	630	1,043	1,326	1,906
	17	セブン&アイ・ホールディングス	684	546	37	35	722	581
	18	クリエイト・レストランツ・ホールディングス	666	579	−	4	666	583
	19	大庄	597	578	−	192	597	770
	20	サントリー	594	530	334	678	928	1,208
○	21	イオン	590	885	243	303	834	1,188
○	22	ジョイフル	576	687	51	55	628	742
	23	サンマルクホールディングス	549	732	−	81	549	813

〔註〕1. ゼンショーホールディングスからは小売事業、ロイヤルホールディングスからは給食・ホテル事業、セブン&アイ・ホールディングス（セブン&アイ・フードシステムズ）からは給食事業の売上高・店数を除外
2. サントリーはダイナックとプロントコーポレーション、ファーストキッチンなどの合算
3. イオンはチムニーとイオンイーハート、オレンジフードコートの合算
4. FC 主力の日本 KFC ホールディングス（売 1,345 億円、1,531 店）、ダスキン（売 1,056 億円、1,382 店）モスフードサービス（売 1,002 億円、1,442 店）、本家かまどや（売 828 億円、1,700 店）、壱番屋（売 798 億円、1,261 店）は除外
5. スターバックスコーヒージャパン（直営 1,023 店、FC52 店）は売上高未発表のため除外

(2) FC 売上高　1,000 億円以上は

日本マクドナルド　2,865 億円、2,084 店
コロワイド　1,018 億円、1,072 店

(3) 給食型売上高

（単体で 1,000 億円突破は日清医療食品とエームサービスとシダックス）

1	日清医療食品グループ	2,640億円	7,156店
2	エームサービスグループ	1,597	3,731
3	シダックス	1,285	2,751
4	富士産業グループ	1,117	2,210
5	グリーンハウス	965	1,886
6	西洋フード・コンパスグループ	809	912
7	魚国総本社	624	2,611
8	LEOC	602	−

（つづき）

	順位	企業名	本部所在地	フォーマット	決算月	売上高（億円）	店数
	79	ユナイテッドアローズ	渋谷	衣料	3	1,310	330
◇	80	西松屋チェーン	姫路	子供	2	1,285	874
	81	ジェイアール東海高島屋	名古屋	百	2	1,260	1
◇	82	タイヨー	鹿児島	SM	2	1,240	92
	83	天満屋	岡山	百	2	1,238	8
◇	84	クスリのアオキ	白山	DgS	5	1,204	261
	85	セリア	大垣	VS	3	1,171	1,174
	86	やまや	仙台	酒	3	1,142	310
	87	イエローハット	中央	オート	3	1,136	207
◇	88	関西スーパーマーケット	伊丹	SM	3	1,131	65
◇	89	AOKI	横浜	紳士服	3	1,127	698
◇	90	エコス	昭島	SM	2	1,117	109
◇	91	ミスターマックス	福岡	総合	3	1,096	60
◇	92	ヤマザワ	山形	SM	3	1,092	128
	93	紀伊國屋書店	目黒	書籍	26/8	1,067	64
	94	カクヤス	北	酒	3	1,058	217
	95	ドラッグストアモリ	朝倉	DgS	3	1,020	220
◇	96	みやぎ生協	仙台	生協	3	1,006	48
	97	JR 東日本リテールネット	新宿	CvS	3	1,001	508
	98	パル	大阪	衣料	2	994	756
◇	99	Olympicグループ	国分寺	総合	2	981	97
	100	アオキスーパー	名古屋	SM	2	977	50

〔資料〕 日本リテイリングセンター調べ・ビッグストア基本統計 2016 年版

［註］直営小売店の純売上高（消費税は含まない）のみを対象に集計。

多くの同種の統計では、テナント売上高、FC 売上高、不動産賃貸料収入、海外売上高、卸売上高、通販売上高、ドラッグストアの場合は調剤薬局の売上高などを含めているが、この統計からは国内直営店純小売売上高以外の収入はできる限り除外。

（ただし、ドラッグストアで調剤薬局の売上高を除外した企業は、クスリのアオキ、クリエイト SD ホールディングス、ココカラファイン。それ以外のドラッグストアは調剤薬局の売上高を含んでいる）。

(つづき)

	順位	企業名	本部所在地	フォーマット	決算月	売上高(億円)	店数
	38	オーケー	大田	SM	3	2,814	83
◇	39	コーナン商事	堺	HC	2	2,803	304
	40	丸井グループ	中野	百	3	2,767	24
◇	41	ココカラファイン	横浜	DgS	3	2,713	1,219
	42	サミット	杉並	SM	3	2,671	157
◇	43	オークワ	和歌山	SM	2	2,636	165
◇	44	カワチ薬品	小山	DgS	3	2,583	297
	45	近鉄百貨店	大阪	百	2	2,531	10
	46	コープさっぽろ	札幌	生協	3	2,519	108
◇	47	コープこうべ	神戸	生協	3	2,326	163
◇	48	いなげや	立川	SM	3	2,306	265
◇	49	ナフコ	北九州	HC	3	2,223	352
◇	50	アルペン	名古屋	スポーツ	6	2,157	431
◇	51	ゼビオ	郡山	スポーツ	3	2,107	677
	52	サンリブ・マルショクグループ	北九州	SM	2	2,078	161
	53	東急ストア	目黒	SM	2	2,064	82
	54	青山商事	福山	紳士服	3	2,062	1,024
◇	55	アクシアル リテイリング	長岡	SM	3	2,060	124
◇	56	クリエイトSDホールディングス	横浜	DgS	5	1,985	446
◇	57	オートバックスセブン	江東	オート	3	1,966	161
	58	ノジマ	横浜	家電	3	1,957	126
	59	東急百貨店	渋谷	百	1	1,883	4
◇	60	フジ	松山	日ス	2	1,787	98
◇	61	生協ユーコープ	横浜	生協	3	1,760	111
	62	アダストリア	千代田	衣料	2	1,720	1,250
◇	63	ケーヨー	千葉	HC	2	1,693	185
	64	ローソン	品川	CvS	2	1,681	262
◇	64	LIXILビバ	さいたま	HC	3	1,681	85
	66	ジョイフル本田	土浦	HC	6	1,606	15
◇	67	ベルク	大里	SM	2	1,589	89
	68	良品計画	豊島	雑貨	2	1,585	284
	69	島忠	さいたま	HC	8	1,550	57
	70	エービーシー・マート	渋谷	靴	2	1,533	784
◇	71	三和	町田	SM	3	1,531	70
	72	東武百貨店	豊島	百	2	1,495	3
	73	サンエー	宜野湾	日ス	2	1,481	67
	74	小田急百貨店	新宿	百	2	1,458	3
	75	日本トイザらス	川崎	玩具	1	1,434	165
◇	76	チヨダ	杉並	靴	2	1,430	1,614
◇	77	キタムラ	横浜	写真	3	1,360	1,257
◇	78	大黒天物産	倉敷	SM	5	1,315	108

付表1　売上高順位表

(A)　ビッグストア（関連企業を含む）2015年決算時売上高上位100社

◇印はペガサスクラブ会員企業（子会社を含む）

	順位	企業名	本部所在地	フォーマット	決算月	売上高（億円）	店数
◇	1	イオン	千葉	日ス	2	60,948	7,604
	2	セブン&アイ・ホールディングス	千代田	日ス	2	24,458	1,226
	3	ヤマダ電機	高崎	家電	3	16,644	981
◇	4	三越伊勢丹ホールディングス	新宿	百	3	11,194	43
	5	ファーストリテイリング	山口	衣料	8	8,893	1,130
	6	エイチ・ツー・オー・リテイリング	大阪	百	3	8,563	420
◇	7	ユニーグループホールディングス	稲沢	日ス	2	8,209	1,564
	8	ビックカメラ	豊島	家電	8	7,846	216
	9	J.フロント リテイリング	中央	百	2	7,797	200
◇	10	ベイシアグループ	前橋	日ス	2	7,393	658
	11	髙島屋	大阪	百	2	7,218	16
	12	エディオン	広島	家電	3	6,912	432
	13	ヨドバシカメラ	新宿	家電	3	6,516	21
◇	14	ケーズホールディングス	水戸	家電	3	6,372	448
	15	ドンキホーテホールディングス	新宿	総合	6	6,243	292
◇	16	ライフコーポレーション	大阪	SM	2	5,586	245
	17	しまむら	さいたま	衣ス	2	5,060	1,886
◇	18	アークス	札幌	SM	2	4,871	319
	19	マツモトキヨシホールディングス	松戸	DgS	3	4,819	1,481
◇	20	DCMホールディングス	品川	HC	2	4,565	596
	21	サンドラッグ	府中	DgS	3	4,458	927
◇	22	ツルハホールディングス	札幌	DgS	5	4,366	1,383
◇	23	バローホールディングス	多治見	SM	3	4,338	565
◇	24	コスモス薬品	福岡	DgS	5	4,085	656
◇	25	ニトリホールディングス	北	家具	2	4,053	346
	26	大創産業	東広島	VS	3	3,882	2,900
	27	スギホールディングス	安城	DgS	2	3,836	947
	28	イズミ	広島	日ス	2	3,745	153
	29	上新電機	大阪	家電	3	3,724	222
◇	30	コープみらい	さいたま	生協	3	3,587	133
◇	31	平和堂	彦根	日ス	2	3,514	203
	32	トライアルカンパニー	福岡	総合	3	3,336	180
◇	33	カスミ	つくば	SM	2	3,191	399
◇	34	コメリ	新潟	HC	3	3,004	1,169
	35	万代	東大阪	SM	2	2,964	146
◇	36	富士薬品グループ	さいたま	DgS	3	2,834	1,178
◇	37	ヤオコー	川越	SM	3	2,824	142

資料編　チェーンストアの基礎資料

付表1　売上高順位表
(A)ビッグストア売上高上位100社
(B)フード・サービス業の資本系別直営売上高順位リスト
付表2　日本リテイリングセンター講師による単行本一覧
(A)入門、(B)スペシャリストの基礎、(C)専門フォーマット、(D)業態、(E)商品、(F)組織管理、(G)歴史
付表3　日本リテイリングセンター発行チェーンストア関連資料リスト
付表4　初期段階の渥美俊一関連資料リスト
(A)単行本・日本リテイリングセンター発行資料以外の渥美俊一とそのグループ執筆のチェーンストア関連論文
(B)チェーンストア関連以外の渥美俊一著書リスト・主テーマ「繁盛店づくり」
付表5　渥美俊一著書の歴史的発展
付表6　渥美俊一とそのグループ以外のチェーンストア関連の主要図書
〈以上の文献資料とペガサスクラブ開催の全セミナーテキストは法政大学イノベーション・マネジメント研究センター流通産業ライブラリー内「ペガサス文庫」に収蔵・閲覧可能〉
付表7　日本リテイリングセンターが提供するサービス

豊富さ……156
ホット・ファッション
(Hot Fashion) ……69
ポピュラー・プライス……46
ボランタリー・チェーン
(Voluntary Chain) ……12
本商人（ほんあきんど）……55
本部……12

マ～モ

マーケティング（Marketing)
……134
マーチャンダイザー
(Merchandiser) ……104
マーチャンダイジング
(Merchandising)
……101,133,134
マーチャンダイジング論……203
マクネア（Mc Nair）教授……41
マス（Mass）……47,129
マス（Mass）化……47,140
マス・ファッション
(Mass Fashion) ……151
マス・マーチャンダイジング・システム（Mass Merchandising Systems) ……127,136
マニュアル……22
マネジメント（Management)
……9
メーカー直結……152
名声店……151

ヤ～ヨ

豊かさ……67,161
四S主義……215

ラ～ロ

ライフスタイル……68
ライン・ロビング(Line Robbing)
……162
ラック・ジョバー（Rack Jobber)
……17
リージョナル・チェーン
(Regional Chain) ……18
リテイラー・オウンド・コーペラティブ・チェーン（Retailer owned Co-operative Chain)
……13
流通革命
(Revolution in everybody goods & everyday goods by chain store systems)
……112,115,126,180
量販店……11,150
レギュラー（Regular)・チェーン
……7
レジデンシャル・バイヤー
(Residential Buyer) ……103
連鎖店（Chain Store）……6
ローカル・チェーン
(Local Chain) ……18
ローカル・ブランド……234
ロッチデール宣言……30
ロマン……172,174
ロマンチスト……172
ロマンチシズム……73

ワ

ワン・ストップ・ショッピング
……162

提供方法の開発……133
提携……239
ディストリビューション・センター（Distribution Center）……151
ディストリビューター（Distributer）……103
テクノクラート（Technocrat）……128
テナント……18
統合……239
ドミナント・エリア（Dominant Area）……19
ドライ商法……215
トレード・オフ（Trade Off）……234

ナ～ノ
ナショナル・チェーン（National Chain）……18
NB（ナショナル・ブランド製品）……34
ニーズ（Needs）……71,135
日常品（Everyday Goods）……46,123

ハ～ホ
バーティカル・マーチャンダイジング……32,36
ハイテク（High Technology ; Hi-Tech.）……128
繁盛店……150,177
判断（Judgment）……140,166,174
PB（プライベート・ブランド）……36,235
ビジョン（Vision）……136,174,182
ビッグストア（Big Store）……10,113,178
ビッグストア統計……64,113
標準化（Standardization）……7,138
品目……157
ファッション（Fashion）……69
ファッション・トレンド店（Fashion Leader Shop）……151
フォーマット（Format）……41,185
プライス・ポイント（Price point）……70
プライベート・ブランド（Private Brand）……133
フランチャイザー（Franchiser）……15
フランチャイジー（Franchisee）……15
ブローカー（Broker）……103
プロセス・センター（Process Center）……151
分析（Analysis）……140,166,174
分業……245
ベーシック商品……47
ペガサスクラブ……64,193
ベンダー（Vender ; Vendor）……103
ホールセラー・スポンサード・ボランタリー・チェーン（Wholesaler sponsored Voluntary Chain）……13

……134
システム……137
実験……166
実用品（Everyday Goods）
……46,121
品揃え（Assortment）……133
社会革命（Social Revolution）
……126
需要予測（Demand Forecast）
……134
生涯設計……145
仕様書（Specification）……57
仕様書発注……101
商勢圏（Company Operating
Area）……18
商品開発（Merchandise
Development）……133
商品化計画（Product Planning）
……134
商品構成（Merchandise Mix）
……133
商品ライン（Merchandise
Line）……20
ショッピング・センター……235
ジョバー（Jobber）……103
シンプリフィケーション
（Simplification）……214
スーパー・グループ……223
スタンダーディゼーション
（Standardization）……214
ストア・ブランド
（Store Brand）……43,133,235
スペシャリスト(Professional Expert)
……128
スペシャリゼーション
(Specialization）……212
生活民主主義……126
成長店……176
製品開発（Product
Development）……133
セグメンテーション
（Segmentation）……219
ゼネリック（Generic）……234
先制主義……217
セントラリゼーション
（Centralization）……166
専門化……162
総合化……162

タ～ト

第一次産業革命……95,120
大衆……8,33
大衆化……121
大衆品（Everybody Goods）
……46,121
大量（Mass）……130
大量仕入れ……151
大量生産……57
大量販売……57,151
単品志向……106
チェーンストア（Chain Store）
……6,9,21,143
チェーンストア・オペレーション
……245
チェーンストア産業
……8,125,178
地産地消……165
TPOS（time,place,occasion,style）
……41,70
定価破壊（Fixed price Destroyer,
Price Burster,Price Breaker）
……209

用語索引

ア〜オ

IE（Industrial Engineering）……39
アソートメント……133
アドミニストレーション（Administration）……203
インダストリアリズム……140
インフォメーション（Information）……167,248
ウェット商法……215
ウォルマート（Wal-Mart）……45
ウォンツ（Wants）……71
FOB価格……104
エブリデイ・グッズ……46,121
エブリボディ・グッズ……46,121
エリア（Area）……20
エンジニアリング（Engineering）……47,140
お値打ち（Value）……123

カ〜コ

核売場（Core）……235
カジュアル（Casual）……68
寡占化（Oligopoly）……13,20
合併……239
加盟店……15
観察（Inspection）……166,173
規格化……138
企業文化（Corporate Culture）……132,146
競合……211
競争……211
業種（Kinds of Business）……185
業態（Type of Operation for Selling）……115,183
経験主義……219
経済民主主義（Economic Democracy）……126
コーディネート（Coordinate）……106
コーディネーション（Coordination）……68,116
コープ（Coop）……16
「小売の輪」理論……41
個店対応……247
個別対応（Communication）……167
コミッサリー（Commissary）……160
コミュニケーション（Communication）……247
コンセッショナリー（Concessionary）……18

サ〜ソ

サービス・マーチャンダイザー（Service Merchandiser）……18
サーベイヤー……103
サプライヤー（Supplier）……103
産業革命（Industrial Revolution）……28,120
三C主義……212
産地直結……152
シアーズ（Sears）……37,142
市場調査（Market Research）

著者紹介

渥美俊一（あつみしゅんいち）

一九二六年、三重県に生まれる。官立第一高等学校文科を経て、一九五二年、東京大学法学部卒業。読売新聞社経営技術担当主任記者として「商店のページ」を一人で編集・執筆。一九六二年から、チェーンストア経営研究団体ペガサスクラブを主宰。

一九六三年にわが国唯一のチェーンストア経営専門コンサルティング機関である日本リテイリングセンターを設立し、二〇一〇年に死去するまでチーフ・コンサルタントを務めた。ほかに日本チェーンストア協会相談役（元初代事務局長）、二〇〇八年には法政大学経営学部客員教授に就任した。この間、零細企業段階からビッグストアへと、育成指導した企業は約七〇〇社（小売業六〇〇社、フード・サービス業一〇〇社）。専門分野はチェーンストアの経営政策と経営戦略と基礎技術論。

著書は単独執筆が合計五七冊、ほかに共著三三冊。計九〇冊。

私ども日本リテイリングセンターの活動目的は、わが国チェーンストア産業を築造することであり、私どもの指導対象はメンバーシップで、クライアントはわが国唯一のチェーンストア経営研究団体「ペガサスクラブ」に加盟している。ご関心の向きは、〒107―0062 東京都港区南青山一―一五―三ペガサスビル ☎〇三（三四七五）〇六二一（代表）の同クラブ宛にお問い合わせ願いたい。

「ペガサスクラブ」ホームページは http://www.pegasusclub.co.jp

21世紀のチェーンストア

平成二十年十一月三十日　初　版第一刷発行
令和　四　年十二月　五　日　第六版第九刷発行

著者――渥美俊一
発行者――小山隆之
装本者――道吉　剛
発行所――株式会社　実務教育出版
東京都新宿区新宿一－一－一二　〒一六三－八六七一
電話　〇三－三三五五－一九五一（販売）
　　　〇三－三三五五－一八一二（編集）
振替　〇〇一六〇－〇－七八二七〇
印刷――壮光舎印刷株式会社
製本――東京美術紙工

ISBN 978-4-7889-0633-4　C2063　Printed in Japan

チェーンストアの新・政策シリーズ

●チェーンストア経営の基本論　第一人者の著者が世に問う「理論体系」と「政策提案」

チェーンストア経営の原則と展望〔全訂版〕

渥美俊一著

この40年間流通業大手の大部分を指導してきた著者による、チェーンストア経営の行動原則集。あわせて二十一世紀初頭の作戦展開を提案。

〔目次構成〕

チェーンストア 能力開発の原則〔全訂版〕

渥美俊一 著

いよいよ本格的なチェーンストア経営システムづくりの時代に、第一人者の著者が、〝勉強のしかた〟の手順を初めて体系化。商業経営を科学するノウハウを詳述した中堅向け〝テキスト〟。

〔目次構成〕

1 能力開発の方向＝1マンパワーづくりの意義と現状 2チェーンストアマンの生涯設計 3チェーン・システムの担い手＝スペシャリスト 4自己育成の方針 5自己管理の内容

2 組織の原則＝1組織理解のための基本用語 2責任と義務の原則 3組織づくりの原則 4命令の原則 5マニュアルの意味と急所

3 マネジメントの原則＝1意味と機能 2幹部の条件 3幹部の行動 4小集団活動 5システムづくり 6これから取り組むべき経営努力 7次なる出発のために

【チェーンストアの実務原則・シリーズ】

実務教育出版

商品構成［全訂版］

渥美俊一著

国民大衆に豊潤な暮らしをもたらすための品揃えの原則を、世界のチェーン産業界で既に実証ずみの明快な体系として示した待望の書。

仕入れと調達［全訂版］

渥美俊一著

商品構成グラフを使いこなしながら、ベンダーの選択から取引方法の原則まで、チェーン経営独自の仕入れ技術と買付け方法の基本を解明。

店舗レイアウト［全訂版］

渥美俊一著

店とSCのレイアウトは、わが国では我流ばかりが横行している。これはチェーンストアの経験法則を日本で初めて体系化した実務理論書だ。

新しい売場構成［新訂版］

桜井多恵子著

日本の売場分類はすべて「作る立場」からだ。本当に「使う立場・買う立場」での分類とその関連のさせ方を、アメリカ・チェーンの実例で解説。

重点販売

桜井多恵子著

マス・アイテムを育て、需要を一気に寡占する重点販売の計画づくりから、広告、売場プレゼンテーションの実際までを解説。

チェーンストアのマネジメント［新訂版］

渥美俊一著

「マネジメント」イコール管理・統制ではない。マネジメントとは、目標を達成するために作業方法を変える努力のことだ。激励や叱責に代わる科学的な行動原則を初めて解明。

サービス

桜井多恵子著

アメリカのチェーンが、一五〇年かけて築きあげた客を満足させる手法とは？　接客強化や特価特売、一斉割引ではない本当のサービスを提案。

ストア・コンパリゾン［新訂版］
＝店舗見学のコツ

渥美俊一
桜井多恵子　共著

勝つためには、敵を知ること。適切な〝店舗比較〟こそ競争への武器だ。チェーン経営を支える他店舗見学のノウハウを初めて体系化。

アメリカのチェーンストア見学［新訂版］

桜井多恵子著

アメリカのチェーンストアから流通革命をいかに正確に学ぶか。四七年間に一万八千人を引率したペガサス・アメリカ視察セミナーの教本を初公開。